Dr. Oetker

Partybuffet

Neue Partyrezepte

Dr. Oetker
Partybuffet
Neue Partyrezepte

Dr. Oetker Verlag

Vorwort

Die nächste Party mit Freunden, Familie und Nachbarn kann kommen. Denn jetzt gibt es die schönsten Buffets zum Verwöhnen – von Brunch bis Fingerfood. Köstliche neue und bewährte Rezeptkreationen, bei denen die Auswahl schwer fällt: bayrisch, italienisch oder asiatisch? Mit Fleisch oder ohne? Oder doch lieber Fisch? Große Portion oder kleiner Happen? Vielleicht auch lieber nur Dessert, davon aber reichlich?

Wonach steht Ihnen der Sinn?
Übrigens: Abgenommen wird morgen. Damit die Rezepte gelingen, wurden sie von uns ausprobiert und sind so beschrieben, dass es mit ein bisschen Erfahrung bestimmt klappt.

Das Brunch-buffet

Frühstück (Breakfast) und Mittagessen (Lunch) in einem Aufwasch.
Sie wollen mal wieder richtig feiern, aber nicht in den Abend hinein.
Dann sind Sie hier richtig: Hühnersuppe, Brot und Brötchen,
leckere Salate, Joghurt und Grießpudding. Hier wird jede Altersgruppe satt.

Brioche-Milchbrötchen

Zutaten für etwa 25 Stück:
Für den Hefeteig:
200 ml Milch, 50 g Schlagsahne, 180 g Zucker,
1 Pck. Dr. Oetker Trockenbackhefe, 250 g Weizenmehl (Type 405), 500 g Weizenmehl (Type 550),
3 Eier (Größe M), 200 g weiche Butter, 1 Prise
Salz, 60 g Pinienkerne, 100 g Korinthen,
50 g Weizenmehl zum Bestäuben

{1} Für den Hefeteig Milch und Sahne
erwärmen, in eine Rührschüssel gießen.
Zucker und Trockenbackhefe sorgfältig
unterrühren. Mehl (Type 405) hinzugeben
und zu einen glatten Teig verrühren.
{2} Mehl (Type 550), Eier, Butter, Salz,
Pinienkerne und Korinthen auf den
Vorteig in die Schüssel geben, aber nicht
verrühren. Den Teig zugedeckt etwa 1
Stunde an einem warmen Ort gehen
lassen (wenn es schnell gehen soll, kann
die Rührschüssel in eine Schale mit
warmem Wasser gestellt werden).
{3} Den gegangenen Teig mit Handrührgerät mit Knethaken zunächst kurz auf
niedrigster, dann auf höchster Stufe in
etwa 5 Minuten zu einem glatten, elastischen Teig verarbeiten. Den Teig zugedeckt weitere etwa 30 Minuten an einem
warmen Ort gehen lassen.
{4} Den gegangenen Teig mit Mehl bestäuben, aus der Schüssel nehmen, auf
einer bemehlten Arbeitsfläche nochmals
kurz durchkneten und zu einer etwa 70 cm
langen Rolle formen. Teigrolle in etwa 25
gleich große Stücke schneiden.
{5} Aus den Teigstücken kleine Brötchen
formen, dabei die Korinthen in den Teig
drücken.
{6} Die Teigbrötchen mit etwas Abstand
auf 2 Backbleche (mit Mehl bestäubt)
legen und zugedeckt nochmals etwa 1
Stunde an einem warmen Ort gehen
lassen.
{7} In der Zwischenzeit den Backofen
vorheizen. Ober-/Unterhitze: etwa 200 °C,
Heißluft: etwa 180 °C.

{8} Die Backbleche nacheinander (bei
Heißluft zusammen) in den vorgeheizten
Backofen schieben. Dabei die Backofen-
temperatur um etwa 20 °C herunterschal-
ten. Die Brötchen etwa 30 Minuten je
Backblech backen.

TIPP: Die Brötchen mit einer frisch
gerührten Himbeerkonfitüre servieren.
Dazu 500 g frische Himbeeren verlesen,
evtl. kurz abspülen, auf Küchenpapier
trocken tupfen und in einen Rührbecher
geben. 250 g Extra Gelierzucker 2:1 und 1
Päckchen Zitronensäure hinzufügen. Die
Zutaten pürieren. Die Brötchen mit Butter
und der Himbeerkonfitüre anrichten.

Zubereitungszeit: 30 Minuten, ohne Teiggehzeit
Backzeit: etwa 30 Minuten je Backblech
Pro Stück: E: 5 g, F: 10 g, Kh: 33 g, kJ: 1024, kcal: 245, BE: 3,0

ETWAS BESONDERES

Würstchen im Briocheteig

Zutaten für 10 Portionen:
Für den Briocheteig:
450 g Weizenmehl, 1 Pck. (42 g) frische Hefe,
60 g Zucker, 50 ml warmes Wasser, 300 g weiche
Butter, 6 Eier (Größe M), 1 gestr. TL Salz,
2 luftgetrocknete Würstchen (je etwa 250 g, z. B.
luftgetrocknete Mettwurst oder Cabanossi),
5 EL Weizenmehl zum Bestäuben

{1} Für den Teig die Hälfte des Mehls in
eine Rührschüssel geben. In die Mitte eine
Vertiefung drücken und die Hefe hineinbröckeln. Zucker und Wasser hinzufügen.
Die Zutaten gut verrühren. Den Teig
zugedeckt etwa 1 Stunde an einem warmen
Ort gehen lassen.
{2} Restliches Mehl, Butter, Eier und Salz
hinzufügen. Die Zutaten mit Handrührgerät
mit Knethaken zunächst kurz auf niedrigster, dann auf höchster Stufe in etwa
5 Minuten zu einem glatten, elastischen
Teig verarbeiten. Den Teig nochmals
zugedeckt etwa 1 Stunde an einem warmen
Ort gehen lassen.

{3} Die Würstchen mit einer Gabel einste-
chen und in einem Topf mit Wasser
bedeckt zum Kochen bringen. Die Würstchen etwa 30 Minuten bei schwacher Hitze
kochen lassen. Die Würstchen aus dem
Topf nehmen und etwas abkühlen lassen.
{4} Den gegangenen Teig mit Mehl
bestäuben, aus der Schüssel nehmen und
auf einer bemehlten Arbeitsfläche nochmals kurz durchkneten. Den Teig halbieren. Jede Teighälfte zu einer etwa 60 cm
langen Rolle formen und mit der Teigrolle
etwa 15 cm breit ausrollen. Jeweils ein
Würstchen schräg auf das Teigstück legen
und in den Teig einrollen. Die Teigrollen
mit Abstand auf ein Backblech (mit Backpapier belegt) legen und nochmals zugedeckt etwa 20 Minuten an einem warmen
Ort gehen lassen.
{5} In der Zwischenzeit den Backofen
vorheizen. Ober-/Unterhitze: etwa 200 °C,
Heißluft: etwa 180 °C.
{6} Das Backblech in den vorgeheizten
Backofen schieben. Die Würstchen im
Briocheteig etwa 45 Minuten backen.
{7} Die Würstchen im Briocheteig vom
Backblech nehmen, auf eine Platte legen
und in Scheiben schneiden. Würstchen im
Briocheteig warm oder kalt servieren.

TIPP: Die Würstchen im Briocheteig können
zubereitet werden und anschließend
zugedeckt und ungebacken über Nacht im
Kühlschrank aufgehen. Dann die Würstchen im Briocheteig vor dem Servieren bei
der im Rezept angegebenen Backofentemperatur und Backzeit backen.

Zubereitungszeit: 40 Minuten, ohne Teiggeh- und Abkühlzeit
Pro Portion: E: 18 g, F: 49 g, Kh: 44 g, kJ: 2880, kcal: 690, BE: 3,5

KLASSISCH

Fleischsalat

Zutaten für 10 Portionen:
600 g Lyoner Fleischwurst in Scheiben
2 Gläser Gewürzgurken
(Abtropfgewicht je 360 g)
1 Bund glatte Petersilie

Für die Marinade:
300 g Salatmayonnaise
200 g Joghurt (3,5 % Fett)
50 ml Gurkensud (aus dem Glas)
Salz
frisch gemahlener Pfeffer

Zubereitungszeit:
40 Minuten
Pro Portion:
E: 9 g, F: 31 g, Kh: 4 g, kJ: 1385, kcal: 331, BE: 0,2

TRADITIONELL

{1} Die Fleischwurstscheiben halbieren und in feine Streifen schneiden. Gurken abtropfen lassen, dabei den Sud auffangen. Gurken zunächst längs in Scheiben, dann in Streifen schneiden. Petersilie abspülen und trocken tupfen. Die Blättchen von den Stängeln zupfen. Blättchen klein schneiden.
{2} Für die Marinade Mayonnaise mit Joghurt und Gurkensud in einer Salatschüssel gut verrühren. Mit Salz und Pfeffer würzen.
{3} Die vorbereiteten Salatzutaten und die Petersilie zu der Marinade in die Schüssel geben und gut untermischen. Den Salat nochmals mit den Gewürzen abschmecken.

Heringssalat

Zutaten für 15 Portionen:
800 g Kartoffeln
Salzwasser
7 doppelte Bismarck-Heringsfilets
(Abtropfgewicht je 250 g)
600 g gegarte Rote Beete (vakuumverpackt)
5 Äpfel, z. B. Holsteiner Cox, Cox Orange
2 Gläser Gewürzgurken
(Abtropfgewicht je 360 g)
5 rote Zwiebeln
1 Bund Dill

Für die Marinade:
5 EL Salatmayonnaise
200 g Joghurt (3,5 % Fett)
5 EL Gurkensud (aus dem Glas)
2 EL geriebener Meerrettich
2 TL mittelscharfer Senf
1 gestr. TL Salz
frisch gemahlener Pfeffer
1 EL Zucker
4 hart gekochte Eier (Größe M)

Zubereitungszeit:
60 Minuten, ohne Abkühlzeit
Pro Portion:
E: 23 g, F: 20 g, Kh: 21 g, kJ: 1522, kcal: 363, BE: 1,5

KLASSISCH

{1} Die Kartoffeln gründlich waschen, mit Salzwasser bedeckt zum Kochen bringen und zugedeckt 20–25 Minuten kochen lassen. Kartoffel abgießen, mit kaltem Wasser abschrecken und abtropfen lassen. Die Kartoffeln warm pellen, abkühlen lassen und in Würfel schneiden.
{2} Heringsfilets etwa 30 Minuten in kaltes Wasser legen. Die Heringsfilets herausnehmen, abtropfen lassen und in Streifen schneiden.
{3} Rote Bete in Würfel schneiden. Äpfel schälen, vierteln, entkernen und in Stücke schneiden. Gurken abtropfen lassen, dabei den Sud auffangen. Gurken in Würfel schneiden. Zwiebeln abziehen, halbieren und in feine Streifen schneiden.
{4} Kartoffelwürfel, Heringsfiletstreifen, Rote-Bete-Würfel, Apfelstücke, Gurkenwürfel und Zwiebelscheiben in einer großen Salatschüssel mischen. Dill abspülen und trocken tupfen. Die Spitzen von den Stängeln zupfen. Einige Spitzen zum Garnieren beiseitelegen. Restliche Spitzen klein schneiden und unter die Salatzutaten heben.
{5} Für die Marinade Mayonnaise mit Joghurt, Gurkensud, Meerrettich und Senf gut verrühren. Mit Salz, Pfeffer und Zucker würzen. Die Marinade unter den Salat heben. Eier pellen, vierteln und ebenfalls unterheben. Den Salat mit den beiseitegelegten Dillspitzen garnieren.

Hühnersuppe mit Eierstich und Parmesanklößchen

Zutaten für 10 Portionen:
4 l Wasser
1 Suppenhuhn (etwa 1,2 kg)
1 Bund Suppengrün (Sellerie, Möhren, Porree)
1 Zwiebel
10 Stängel Petersilie
3 Zweige Rosmarin
1 kleine Stange Zimt
10 Pfefferkörner
2 gestr. TL Salz

1 EL weiche Butter für die Form

Für den Eierstich:
4 Eier (Größe M)
200 g Schlagsahne
200 ml Milch
1 ½ gestr. TL Salz
½ TL frisch geriebene Muskatnuss

800 g Blumenkohl
Salzwasser

Für die Parmesanklößchen:
6 EL trockenes Toastbrot
2 Stängel Petersilie
100 g Parmesan-Käse
1 Ei (Größe M)
Salz
frisch gemahlener Pfeffer
evtl. etwas Speisestärke

Zubereitungszeit:
60 Minuten, ohne Abkühlzeiten
Garzeit:
Suppe etwa 3 Stunden
Pro Portion:
E: 23 g, F: 26 g, Kh: 7 g, kJ: 1482, kcal: 354, BE: 0,5

TRADITIONELL

{1} Wasser in einem Topf zum Kochen bringen. Suppenhuhn von innen und außen unter fließendem kalten Wasser abspülen, in das kochende Wasser legen und einmal kräftig aufkochen lassen. Die Brühe abschäumen.

{2} Sellerie und Möhren putzen, schälen, abspülen, abtropfen lassen und in Stücke schneiden. Porree putzen, die Stange längs halbieren, gründlich waschen, abtropfen lassen. Suppengrün in Stücke schneiden. Die Zwiebel abspülen, abtrocknen und halbieren. Die Zwiebelhälften mit der Schnittseite nach unten in eine Pfanne ohne Fett legen und bräunen. Das Suppengrün mit den Zwiebelhälften zu dem Suppenhuhn in den Topf geben.

{3} Petersilie und Rosmarin abspülen, trocken tupfen. Mit Zimtstange, Pfefferkörnern und Salz zu dem Suppenhuhn geben. Die Suppe ohne Deckel etwa 3 Stunden bei schwacher Hitze kochen lassen. Das Huhn während der Garzeit zwischendurch umdrehen.

{4} Das Suppenhuhn aus der Brühe nehmen und etwas abkühlen lassen. Das Fleisch von den Knochen lösen. Die Haut entfernen. Das Fleisch in Stücke schneiden. Die Brühe durch ein Sieb in einen Topf gießen. Gemüse, Kräuter und Gewürze entfernen. Das Hühnerfleisch in die Brühe geben, abkühlen lassen und kalt stellen.

{5} Den Backofen vorheizen. Ober-/Unterhitze: etwa 140 °C, Heißluft: etwa 120 °C.

{6} Eine Fettpfanne in den vorgeheizten Backofen schieben und etwa 1 cm hoch mit Wasser füllen. Eine Kastenform (25 x 11 cm) mit Butter ausstreichen. Den Boden der Form mit Backpapier belegen.

{7} Für den Eierstich Eier, Sahne, Milch, Salz und Muskat in einer Schüssel verschlagen, abschmecken und in die Kastenform gießen. Die Form mit Alufolie zudecken und in die mit Wasser gefüllte Fettpfanne stellen. Eierstich etwa 50 Minuten stocken lassen. Den Eierstich auf Festigkeit prüfen. Eierstich abkühlen lassen, aus der Form lösen und auf eine Platte stürzen. Eierstich in Würfel schneiden und bis zum Servieren zugedeckt kalt stellen.

{8} Blumenkohl putzen und in Röschen teilen. Blumenkohlröschen waschen, abtropfen lassen und in kochendem Salzwasser etwa 8 Minuten bissfest kochen. Blumenkohlröschen in ein Sieb geben, mit kaltem Wasser abspülen und abtropfen lassen. Blumenkohlröschen in die kalte Brühe geben.

{9} Für die Parmesanklößchen Toastbrot in kleine Stücke teilen und in einem Blitzhacker fein zerkleinern und in eine Rührschüssel geben. Petersilie abspülen, trocken tupfen und fein hacken. Parmesan-Käse fein reiben. Petersilie, Käse und Ei zu dem gemahlenen Toastbrot geben. Mit Salz und Pfeffer würzen. Die Zutaten gut verkneten und zu einer Rolle formen. Von der Rolle kleine Klößchen abstechen und zu Kugeln formen. Die Klößchen in kochendem Salzwasser etwa 4 Minuten bei schwacher Hitze gar ziehen lassen. Sie sind gar, wenn sie an der Oberfläche schwimmen. Sollten die Klöße auseinanderfallen, etwas Speisestärke unter den Teig kneten. Es ist ratsam, ein Probe-Klößchen zu garen.

{10} Die Klößchen mit einer Schaumkelle herausnehmen, auf einen Teller legen und abkühlen lassen. Die Klößchen mit Frischhaltefolie zudecken und bis zum Servieren kalt stellen.

{11} Die Suppe vor dem Servieren erhitzen. Parmesanklößchen hineingeben und etwa 5 Minuten erhitzen. Die Suppe in eine Servierschale füllen und Eierstich hinzugeben. Die Suppe sofort servieren.

BEILAGE: Ofenfrisches Baguette.

TIPP: Zum Abkühlen der Suppe den Topf schräg stellen und ohne Deckel abkühlen lassen, sonst kann die Suppe sauer werden.

Obstsalat mit Orangenquark und Walnusskrokant

im Foto Mitte

Zutaten für 10 Portionen:
je 150 g blaue und grüne Weintrauben
3 Kiwi, 2 Birnen, 1 Apfel
etwas Zitronensaft
2 Orangen, 2 Nektarinen
750 g Ananas
250 g Erdbeeren
evtl. etwas Zucker

Für den Walnusskrokant:
100 g Walnusskerne
80 g Zucker

Für den Orangenquark:
1 kg Magerquark
250 g Zucker
2 Pck. Dr. Oetker Vanillin-Zucker
2 Pck. Dr. Oetker Finesse Natürliches Orangenschalen-Aroma
300 ml Milch
100 g Schlagsahne
2 Bio-Orangen (unbehandelt, ungewachst)

Zubereitungszeit:
50 Minuten
Pro Portion:
E: 18 g, F: 11 g, Kh: 68 g, kJ: 1893 , kcal: 452 , BE: 5,5

{1} Weintrauben waschen, abtropfen lassen, entstielen, halbieren und evtl. entkernen. Kiwi, Birnen und Apfel schälen. Kiwi in Stücke schneiden. Birnen und Apfel vierteln, entkernen und in Stücke schneiden, mit etwas Zitronensaft beträufeln. Orangen so schälen, dass die weiße Haut mitentfernt wird. Orangen vierteln und anschließend in schmale Stücke schneiden. Nektarinen waschen, abtrocknen, halbieren und jeweils den Stein entfernen. Nektarinenhälften in Spalten schneiden.

{2} Von der Ananas Blatt- und Strunkende entfernen. Ananas schälen, vierteln und den Strunk herausschneiden. Ananasviertel in Stücke schneiden. Erdbeeren putzen, waschen, abtropfen lassen, entstielen und evtl. halbieren.

{3} Das vorbereitete Obst in einer Salatschüssel mischen und bis zum Servieren zugedeckt kalt stellen. Den Obstsalat nach Belieben mit Zucker abschmecken.

{4} Für den Krokant Walnusskerne grob zerkleinern und in einer Pfanne ohne Fett bei mittlerer Hitze unter Rühren rösten. Zucker in einem Topf karamellisieren. Die heißen, gerösteten Walnusskerne mit dem Karamell vermischen, herausnehmen und auf Backpapier verteilen, erkalten lassen. Den Krokant in kleine Stücke brechen.

{5} Für den Orangenquark Quark in eine große Schüssel geben. Zucker, Vanillin-Zucker, Orangenschalen-Aroma, Milch und Sahne hinzugeben. Die Zutaten glatt rühren.

{6} Orangen heiß abwaschen, abtrocknen und die Schale fein abreiben. Orangen halbieren und den Saft auspressen. Orangenschale und -saft unter die Quarkmasse rühren.

{7} Den Quark in Gläsern verteilen und bis zum Servieren kalt stellen. Den Orangenquark vor dem Servieren mit Walnusskrokant garnieren. Mit dem Obstsalat servieren.

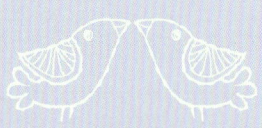

Sauerkirschjoghurt mit Schokolade und Müslicrunch

im Foto vorne

Zutaten für 10 Portionen:
1 kg Joghurt (3,5 % Fett)
100 g Zucker
2 Pck. Dr. Oetker Vanillin-Zucker
1 Glas Sauerkirschen (Abtropfgewicht 360 g)
50 ml Sauerkirschsaft (aus dem Glas)
50 g Vollmilch-Raspelschokolade

Für den Müslicrunch:
50 g Haselnusskerne
70 g kernige Haferflocken
80 g Zucker

Zubereitungszeit:
20 Minuten, ohne Abkühlzeit
Pro Portion:
E: 6 g, F: 9 g, Kh: 38 g, kJ: 1089, kcal: 260, BE: 3,0

FÜR KINDER

{1} Joghurt mit Zucker und Vanillin-Zucker in einer Schüssel verrühren. Sauerkirschen in einem Sieb abtropfen lassen, den Saft auffangen und 50 ml abmessen.

{2} Sauerkirschen und den abgemessenen Sauerkirschsaft unter die Joghurtmasse rühren. Raspelschokolade unterheben.

{3} Für den Müslicrunch Haselnusskerne grob hacken, mit den Haferflocken in eine große Pfanne ohne Fett geben und unter Rühren rösten. Zucker darauf verteilen und karamellisieren lassen. Die Müslimasse herausnehmen, auf Backpapier verteilen und erkalten lassen.

{4} Joghurt in Gläser füllen und bis zum Servieren kalt stellen. Müslicrunch in Stücke brechen und auf dem Joghurt verteilen.

Gemüsemuffins mit Käsedip

im Foto vorne

Zutaten für 12 Muffins:
Zum Vorbereiten:
1 gelbe Paprikaschote, 2 Strauchtomaten,
1 kleine Zucchini, 1 Bund Basilikum, 100 g Bacon
(Schinkenspeck)
Für den Teig:
150 g Weizenmehl, 100 g Maismehl, 2 gestr. TL
Dr. Oetker Backin, 1 TL Paprikapulver edelsüß,
2 gestr. TL Natron, 200 g Joghurt (3,5 % Fett),
100 ml Milch, 1 Ei (Größe M), 40 ml Olivenöl,
1 gestr. TL Salz
Für den Käsedip:
1 Bund Schnittlauch, 1 Bund Frühlingszwiebeln,
400 g Doppelrahm-Frischkäse, 200 g Joghurt
(3,5 % Fett), 150 g würziger Bergkäse, Salz, frisch
gemahlener Pfeffer
Außerdem:
12 Papierbackförmchen

{1} Zum Vorbereiten Paprikaschote mit
einem Sparschäler grob schälen, halbieren, entstielen, entkernen und die weißen
Scheidewände entfernen. Schoten-
hälften abspülen, abtropfen lassen und in Würfel
schneiden. Tomaten abspülen, trocken
tupfen, halbieren, entstielen und entkernen. Tomatenhälften in Würfel schneiden. Zucchini waschen, trocken tupfen
und die Enden abschneiden. Zucchini
zuerst längs in Scheiben, dann in kleine
Würfel schneiden. Basilikum abspülen
und trocken tupfen. Die Blättchen von
den Stängeln zupfen. Blättchen klein
schneiden.
{2} Bacon in Würfel schneiden, in einer
Pfanne ohne Fett ausbraten, herausnehmen und auf Küchenpapier abtropfen
lassen.
{3} Den Backofen vorheizen. Ober-/Unter-
hitze: etwa 180 °C, Heißluft: etwa 160 °C.

{4} Für den Teig Mehl mit Maismehl in
eine Rührschüssel geben. Backpulver,
Paprika und Natron untermischen.
Joghurt, Milch, Ei, Olivenöl und Salz
hinzugeben. Die Zutaten mit Handrührgerät mit Knethaken zunächst kurz auf
niedrigster, dann auf höchster Stufe zu
einem glatten Teig verkneten. Vorbereite-
tes Gemüse, Basilikum und Speckwürfel
unterarbeiten.
{5} Den Teig in einer Muffinform (für 12
Muffins, mit Papierbackförmchen aus-
gelegt) verteilen. Die Form auf dem Rost
in den vorgeheizten Backofen schieben.
Die Muffins etwa 25 Minuten backen.
{6} In der Zwischenzeit für den Käsedip
Schnittlauch abspülen, trocken tupfen und
in Röllchen schneiden. Frühlingszwiebeln
putzen, waschen, abtropfen lassen und in
feine Scheiben schneiden. Schnittlauchröllchen, Frühlingszwiebelscheiben,
Frischkäse und Joghurt in eine Schüssel
geben. Käse grob reiben und hinzugeben.
Die Zutaten zu einer glatten Masse
verrühren. Den Dip mit Salz und Pfeffer
kräftig abschmecken.
{7} Die Muffins aus der Form heben und
auf Tellern verteilen. Die Muffins warm
oder kalt mit dem Dip servieren.

Zubereitungszeit: 60 Minuten
Backzeit: etwa 25 Minuten
Pro Portion: E: 13 g, F: 21 g, Kh: 20 g, kJ: 1380, kcal: 330, BE: 1,5

RAFFINIERT

Käse-Zwiebel-Muffins mit Tomaten-Chutney

im Foto hinten

Zutaten für 12 Muffins:
250 g Weizenmehl, 1 TL Paprikapulver edelsüß,
100 g Röstzwiebeln (Fertigprodukt aus der
Packung), 2 gestr. TL Dr. Oetker Backin,
1 gestr. TL Natron, 1 gestr. TL Salz,
250 ml (¼ l) Buttermilch, 40 ml Olivenöl,
150 g Parmesan-Käse, im Stück
Für das Tomaten-Chutney:
600 g rote Zwiebeln, 500 g Tomaten, 500 g Extra
Gelierzucker 2:1, 100 ml weißer Balsamico-Essig
Außerdem: 12 Papierbackförmchen

{1} Den Backofen vorheizen. Ober-/Unter-
hitze: etwa 180 °C, Heißluft: etwa 160 °C.
{2} Für den Teig Mehl in eine Rührschüssel
geben. Paprika, Röstzwiebeln, Backpulver,
Natron und Salz untermischen. Buttermilch und Olivenöl hinzugeben. Die
Zutaten mit Handrührgerät mit Knethaken
zunächst kurz auf niedrigster, dann auf
höchster Stufe zu einem glatten Teig
verkneten. Parmesan-Käse in kleine
Würfel schneiden und unter den Teig
arbeiten.
{3} Den Teig in einer Muffinform (für 12
Muffins, mit Papierbackförmchen ausge-
legt) verteilen. Die Form auf dem Rost in
den vorgeheizten Backofen schieben. Die
Muffins etwa 25 Minuten backen.
{4} In der Zwischenzeit für das Chutney
Zwiebeln abziehen und in Würfel schneiden. Tomaten abspülen, trocken tupfen,
halbieren und die Stängelansätze entfernen. Tomatenhälften in Würfel schneiden.
Zwiebel- und Tomatenwürfel mit dem
Gelierzucker in einem Topf gut verrühren
und zum Kochen bringen. Die Zutaten
mindestens 3 Minuten unter ständigem
Rühren sprudelnd kochen lassen. Essig
unterrühren, nochmals aufkochen lassen.
Den Topf von der Kochstelle nehmen.
Chutney erkalten lassen.
{5} Die Muffins aus der Form heben, auf
Tellern anrichten und mit dem Chutney
warm oder kalt servieren.

Zubereitungszeit: 60 Minuten
Backzeit: etwa 25 Minuten
Pro Stück: E: 8 g, F: 12 g, Kh: 66 g, kJ: 1719, kcal: 408, BE: 5,0

ETWAS BESONDERES

Grießpudding mit Brombeerkompott

Zutaten für 10 Portionen:
Für den Grießpudding
1 l Milch
160 g Zucker
1 Vanilleschote
90 g Weichweizengrieß
2 Eier (Größe M)

Für das Brombeerkompott:
150 g Zucker
500 ml (½ l) schwarzer Johannisbeernektar
2 EL flüssiger Honig
1 EL weißer Balsamico-Essig
5 grüne Kardamomkapseln
750 g Brombeeren

Zubereitungszeit:
35 Minuten
Pro Portion:
E: 7 g, F: 6 g, Kh: 56 g, kJ: 1284, kcal: 307, BE: 4,5

EINFACH

{1} Für den Pudding Milch und Zucker in einem Topf zum Kochen bringen. Vanilleschote längs aufschneiden und das Mark mit einem Messerrücken herauskratzen. Vanilleschote und -mark in die Milch geben. Den Weichweizengrieß mit einem Schneebesen unter Rühren in die kochende Milch geben. Die Milch einmal stark aufkochen lassen und anschließend etwa 15 Minuten unter gelegentlichem Rühren bei schwacher Hitze kochen lassen.

{2} Eier trennen. Eiweiß mit Handrührgerät mit Rührbesen auf höchster Stufe steif schlagen. Eigelb unter den Grießpudding rühren. Den Topf von der Kochstelle nehmen. Eischnee unterheben. Vanilleschote entfernen. Den Grießpudding in eine Servierschüssel geben und erkalten lassen.

{3} Für das Kompott Zucker in einem Topf karamellisieren lassen. Johannisbeernektar, Honig, Essig und Kardamomkapseln hinzugeben und erhitzen.

{4} Brombeeren verlesen, waschen, abtropfen lassen und evtl. entstielen. Die Brombeeren in den Johannisbeersud geben. Den Topf von der Kochstelle nehmen. Das Kompott erkalten lassen.

{5} Das Brombeerkompott vor dem Servieren dekorativ auf dem Grießpudding anrichten oder das Kompott getrennt dazureichen.

HINWEIS: Für den Pudding nur ganz frische Eier verwenden, die nicht älter als 5 Tage sind (Legedatum beachten).

Zimtschnecken

Zutaten für etwa 20 Stück:
Für den Hefeteig:
200 ml Milch
125 g Butter oder Margarine
400 g Weizenmehl
1 Pck. Dr. Oetker Trockenbackhefe
80 g Zucker
3 Eier (Größe M)
1 TL gemahlener Kardamom
½ gestr. TL Salz

50 g Weizenmehl zum Bestäuben

Für die Füllung:
180 g weiche Butter
100 g Zucker
1 TL gemahlener Zimt

1 EL Puderzucker

Zubereitungszeit:
40 Minuten, ohne Teiggehzeit
Backzeit:
etwa 20 Minuten je Backblech
Pro Stück:
E: 4 g, F: 14 g, Kh: 26 g, kJ: 1044, kcal: 250, BE: 2,0

KLASSISCH

{1} Für den Teig Milch in einem Topf erwärmen, Butter darin zerlassen. Mehl in einer Rührschüssel mit Trockenbackhefe sorgfältig vermischen. Milch-Butter-Mischung, Zucker, Eier, Kardamom und Salz hinzufügen. Die Zutaten mit Handrührgerät mit Knethaken zunächst kurz auf niedrigster, dann auf höchster Stufe in etwa 5 Minuten zu einem glatten Teig verarbeiten. Den Teig zugedeckt etwa 60 Minuten an einem warmen Ort gehen lassen.

{2} Den gegangenen Teig mit Mehl bestäuben, aus der Schüssel nehmen und auf einer bemehlten Arbeitsfläche nochmals kurz durchkneten. Den Teig zu einem Rechteck (etwa 50 x 40 cm) ausrollen.

{3} Für die Füllung Butter mit Zucker und Zimt in einer Rührschüssel geschmeidig rühren und auf dem Teigrechteck verteilen. Das Teigrechteck von der kurzen Seite aus aufrollen und in etwa 2 cm dicke Scheiben schneiden (evtl. mit einem Elektromesser). Die Teigscheiben mit reichlich Abstand auf 2 Backbleche (mit Backpapier belegt) legen. Die Teigschnecken nochmals zugedeckt etwa 20 Minuten an einem warmen Ort gehen lassen.

{4} In der Zwischenzeit den Backofen vorheizen. Ober-/Unterhitze: etwa 180 °C, Heißluft: etwa 160 °C

{5} Die Backbleche nacheinander (bei Heißluft zusammen) in den vorgeheizten Backofen schieben. Die Zimtschnecken etwa 20 Minuten je Backblech backen.

{6} Die Zimtschnecken mit dem Backpapier von den Backblechen auf Kuchenroste ziehen. Zimtschnecken mit Puderzucker bestäuben, von den Backblechen nehmen und warm servieren.

Das klassische Buffet

Sie mögen es lieber klassisch,
mit Schweinebraten, Kasseler mit Pumpernickelkruste,
Frikadellen mit Kartoffelsalat, Roastbeef mit Remouladensauce,
Gulaschsuppe, Erbsensuppe mit Würstchen, Quiche Lorraine,
Vanillepudding mit Erdbeeren, Schokoladenpudding mit Sauerkirschen
und Rote Grütze!

Frikadellen

Zutaten für etwa 30 Frikadellen:
2 Brötchen (Semmeln vom Vortag),
400 g Zwiebeln, 20 g Butter oder Margarine,
2 ½ kg Hackfleisch (halb Rind-, halb Schweinefleisch), 4 Eier (Größe M), 1 EL mittelscharfer Senf,
1 EL geriebener Meerrettich, Salz, frisch gemahlener Pfeffer, 1 Prise Zucker
Außerdem:
100 g Butter oder Margarine, 5 EL Speiseöl, z. B.
Sonnenblumenöl

{1} Die Brötchen in warmem Wasser
einweichen.
{2} Zwiebeln abziehen und fein würfeln.
Butter oder Margarine in einer Pfanne
zerlassen. Die Zwiebelwürfel darin glasig
dünsten, herausnehmen und abkühlen
lassen.
{3} Hackfleisch in eine große Schüssel
geben. Die eingeweichten Brötchen in ein
Sieb geben und gut ausdrücken. Brötchen,
Zwiebelwürfel, Eier, Senf und Meerrettich
zur Hackfleischmasse geben und gut
unterarbeiten. Die Hackfleischmasse kräftig
mit Salz, Pfeffer und Zucker würzen.
{4} Aus der Hackfleischmasse mit angefeuchteten Händen etwa 30 Frikadellen
formen.
{5} Jeweils etwas Butter oder Margarine und
Speiseöl in einer großen Pfanne erhitzen.
Die Frikadellen darin portionsweise von
beiden Seiten etwa 2 Minuten anbraten und
in weiteren etwa 5 Minuten fertig braten.
Die Frikadellen jeweils aus der Pfanne
nehmen und auf ein Backblech (mit
Backpapier belegt) legen. Frikadellen
abkühlen lassen und zugedeckt kalt stellen.
{6} Vor dem Servieren den Backofen
vorheizen. Ober-/Unterhitze: etwa 180 °C,
Heißluft: etwa 160 °C
{7} Das Backblech in den vorgeheizten
Backofen schieben. Die Frikadellen etwa
10 Minuten erhitzen.

Zubereitungszeit: 45 Minuten, ohne Abkühlzeit
Pro Stück: E: 17 g, F: 18 g, Kh: 3 g, kJ: 990, kcal: 236, BE 0,1:

TRADITIONELL

Roastbeef mit Remouladensauce

Zutaten für 10 Portionen:
1,8 kg Roastbeef, Salz, frisch gemahlener Pfeffer,
5 EL Speiseöl
Für die Remouladensauce:
500 g Delikatessmayonnaise, 200 g Joghurt
(3,5 % Fett), 1 Glas Cornichons (Abtropfgewicht
190 g), 1 Glas Perlzwiebeln (Abtropfgewicht
190 g), 1 Glas Kapern (Abtropfgewicht 125 g),
200 ml Cornichonflüssigkeit (aus dem Glas),
5 Sardellenfilets in Öl, Salz, frisch gemahlener
Pfeffer, 1 Prise Zucker

{1} Das Roastbeef mit Küchenpapier trocken
tupfen. Die Fettseite mehrmals kreuzweise
einschneiden. Roastbeef mit Salz und
Pfeffer einreiben.
{2} Den Backofen vorheizen. Ober-/Unter-
hitze: etwa 160 °C, Heißluft: etwa 140 °C.
{3} Speiseöl in einem großen Bräter
erhitzen. Das Roastbeef von allen Seiten je
2 Minuten anbraten. Zuletzt die Fettseite
nach oben legen. Den Bräter auf dem Rost
in den vorgeheizten Backofen schieben.
Das Roastbeef etwa 25 Minuten braten.
{4} Roastbeef aus dem Bräter nehmen, in
Alufolie wickeln und auf Zimmertemperatur
abkühlen lassen. Roastbeef bis zum
Servieren in den Kühlschrank legen.
{5} Für die Remouladensauce Mayonnaise
und Joghurt in einer Rührschüssel verrühren. Cornichons in ein Sieb geben und
abtropfen lassen. Den Sud auffangen und
200 ml abmessen. Perlzwiebeln und Kapern
ebenfalls in einem Sieb abtropfen lassen.
{6} Die Cornichonflüssigkeit mit der
Joghurt-Mayonnaise verrühren.
{7} Perlzwiebeln, Kapern und Cornichons
mit einem Messer oder im Blitzhacker grob
hacken und unter die Joghurt-Mayonnaise
rühren. Die Sardellenfilets abtropfen
lassen, mit einem Messer fein hacken und
unter die Sauce rühren. Mit Salz, Pfeffer
und Zucker abschmecken.
{8} Roastbeef vor dem Servieren in dünne
Scheiben schneiden und auf einer Platte anrichten. Die Remouladensauce dazureichen.

Zubereitungszeit: 45 Minuten
Bratzeit: etwa 25 Minuten
Pro Portion: E: 43 g, F: 53 g, Kh: 5 g, kJ: 2780, kcal: 663, BE: 0,2

ETWAS TEURER

Kartoffel-Gurken-Salat

Zutaten für 10 Portionen:
2 kg festkochende Kartoffeln, Salz, 1 EL Kümmelsamen, 2 Gläser Gewürzgurken (Abtropfgewicht
je 360 g), 2 Salatgurken
Für die Marinade:
1 Knoblauchzehe, 1 Bund Dill, 80 ml Weißweinessig , 1 EL mittelscharfer Senf , 1 EL flüssiger
Honig , 50 ml Zitronensaft , 200 ml Gurkenflüssigkeit (aus den Gläsern), 50 ml Olivenöl, frisch
gemahlener Pfeffer, 1 Prise Zucker

{1} Kartoffeln gründlich waschen, mit
Wasser bedeckt zum Kochen bringen. Salz
und Kümmel hinzugeben. Die Kartoffeln
zugedeckt in 20-25 Minuten gar kochen.
Die Kartoffeln abgießen, mit kaltem Wasser
abschrecken, abtropfen lassen und warm
pellen. Kartoffeln abkühlen lassen, in
Scheiben schneiden und in eine große
Schüssel geben.
{2} Die Gurken abgießen und den Sud
auffangen. Die Gurken in feine Scheiben
schneiden und zu den Kartoffelscheiben
geben.
{3} Für die Marinade Knoblauch abziehen
und in kleine Würfel schneiden. Dill abspülen und trocken tupfen. Die Spitzen von
den Stängeln zupfen. Spitzen grob zerkleinern. Essig mit Senf, Honig, Zitronensaft
und Gurkenflüssigkeit verrühren. Olivenöl
unterschlagen. Mit Salz, Pfeffer und Zucker
verrühren. Knoblauchwürfel und Dill
unterrühren.
{4} Die Marinade zu den Kartoffel- und
Gurkenscheiben geben, vorsichtig unterheben. Den Kartoffel-Gurken-Salat kräftig mit
Salz abschmecken.
{5} Kurz vor dem Servieren die Salatgurken
schälen, längs halbieren und entkernen.
Gurkenhälften in Scheiben schneiden und
unter den Salat mischen. Nochmals mit
Salz und Pfeffer abschmecken.

Zubereitungszeit: 45 Minuten, ohne Abkühlzeit
Pro Portion: E: 5 g, F: 6 g, Kh: 32 g, kJ: 874, kcal: 208, BE: 2,5

RAFFINIERT

Gulaschsuppe

im Foto vorne

Zutaten für 10 Portionen:
2 ½ kg Rinder-Gulasch , 700 g Zwiebeln,
6 EL Speiseöl, z. B. Sonnenblumenöl , Salz,
1 EL Paprikapulver rosenscharf, 2 EL Tomatenmark, 100 g Weizenmehl, 500 ml (½ l) Rotwein ,
2 ½ l Gemüsebrühe, 2 Dosen geschälte Tomaten
(Abtropfgewicht je 480 g), 1 kg festkochende
Kartoffeln, 1 TL gemahlener Kümmelsamen,
Schale von 2 Bio-Zitronen (unbehandelt,
ungewachst), 10 Zweige Thymian,
2 Knoblauchzehen

{1} Gulasch mit Küchenpapier trocken
tupfen. Evtl. Haut und Sehnen abschneiden. Das Fleisch in kleine Würfel schneiden. Zwiebeln abziehen und in kleine
Würfel schneiden.
{2} Jeweils etwas Speiseöl in einem
großen Topf erhitzen. Die Fleischwürfel
darin portionsweise unter Rühren kräftig
anbraten. Mit Salz würzen. Sollte Fleisch-
saft austreten, solange einkochen lassen,
bis sich eine braune Kruste gebildet hat.
{3} Die angebratenen Fleischportionen
wieder in den Topf geben, mit Paprika
bestreuen und kurz anrösten. Tomatenmark unterrühren. Das Fleisch mit Mehl
bestäuben und kurz unter Rühren anrösten. Rotwein und Brühe hinzugießen, gut
unterrühren. Geschälte Tomaten in den
Dosen mit einem Messer grob zerkleinern
und mit der Flüssigkeit hinzugeben. Die
Zutaten zum Kochen bringen. Mit Salz
schwach würzen. Die Gulaschsuppe zugedeckt etwa 1 ½ Stunden bei schwacher
Hitze kochen lassen.
{4} In der Zwischenzeit Kartoffeln waschen,
schälen, abspülen, abtropfen lassen und in
kleine Würfel schneiden. Kartoffelwürfel
in die Suppe geben, wieder zum Kochen
bringen und zugedeckt weitere etwa 60
Minuten kochen lassen. Kümmel kurz vor
Ende der Garzeit hinzugeben.

{5} Zitronen heiß abwaschen, abtrocknen
und die Schale fein abreiben. Thymian
abspülen und trocken tupfen. Die Blättchen von den Stängeln zupfen. Knoblauch
abziehen und in kleine Würfel schneiden.
Zitronenschale, Thymianblättchen und
Knoblauchwürfel unter die Gulaschsuppe
rühren. Mit Salz abschmecken.
{6} Den Topf mit der Gulaschsuppe auf
einen Rost stellen. Die Suppe ohne Deckel
auf Zimmertemperatur abkühlen lassen.
Die Suppe in den Kühlschrank stellen und
vor dem Servieren nochmals unter
gelegentlichem Rühren erhitzen.

Beilage: Kartoffelbrotfladen.

TIPPS: Wenn Sie auf den Rotwein verzichten möchten, erhöhen Sie die Menge der
Gemüsebrühe entsprechend. Lassen Sie
die Gulaschsuppe unbedingt auf einem
Rost abkühlen, damit sie nicht sauer wird.

Zubereitungszeit: 60 Minuten
Garzeit: 2 ½ Stunden
Pro Portion: E: 56 g, F: 20 g, Kh: 29 g, kJ: 2327, kcal: 555, BE: 2,0

MIT ALKOHOL

Kartoffelbrotfladen

Zutaten:
600 g mehligkochende Kartoffeln,
200 ml warmes Wasser, 1 Pck. Dr. Oetker
Trockenbackhefe, 1 TL Zucker, 500 g Weizenmehl,
300 g Hartweizengrieß, 2 gestr. TL Salz,
3 EL Weizenmehl zum Bestreuen

{1} Die Kartoffeln gründlich waschen. Mit
Wasser bedeckt zum Kochen bringen und
in 20–25 Minuten gar kochen. Die Kartoffeln abgießen, mit kaltem Wasser abschrecken und abtropfen lassen. Die Kartoffeln
heiß pellen und durch eine Kartoffelpresse
drücken oder mit einem Kartoffelstampfer
zerdrücken. Kartoffelmasse abkühlen
lassen.

{2} Das warme Wasser in eine Rührschüssel geben. Trockenbackhefe und Zucker
hinzugeben. Mehl in 2 Portionen mit
Handrührgerät mit Knethaken unterarbeiten. Den Teig zugedeckt an einem warmen
Ort etwa 1 Stunde gehen lassen.
{3} Grieß, die Kartoffelmasse und Salz zum
Vorteig in die Rührschüssel geben und mit
Handrührgerät mit Knethaken zu einem
glatten Teig verkneten. Den Teig nochmals
zugedeckt an einem warmen Ort etwa
30 Minuten gehen lassen.
{4} Den gegangenen Teig leicht mit Mehl
bestäuben, aus der Schüssel nehmen und
auf einer bemehlten Arbeitsfläche zu
einem Fladen formen. Den Teigfladen auf
ein Backblech (gefettet, mit Backpapier
belegt) legen. Die Teigoberfläche mit einem
Messer kreuzweise einschneiden. Den
Teigfladen nochmals zugedeckt so lange
an einem warmen Ort gehen lassen, bis er
sich sichtbar vergrößert hat (etwa 1 ½ Stunden).
{5} Den Backofen vorheizen. Ober-/Unter-
hitze: etwa 180 ˚C, Heißluft: etwa 160 ˚C.
{6} Das Backblech in den vorgeheizten
Backofen schieben. Den Brotfladen etwa
40 Minuten backen.
{7} Den Brotfladen mit dem Backpapier
vom Backblech auf einen Kuchenrost
ziehen. Brotfladen erkalten lassen.

TIPP: Der Kartoffelbrotfladen kann 1–2 Tage
vor dem Verzehr zubereitet werden. Dann
den Brotfladen kurz vor dem Servieren im
vorgeheizten Backofen bei Ober-/Unter-
hitze: etwa 180 ˚C, Heißluft: etwa 160 ˚C in
etwa 15 Minuten aufbacken.

Zubereitungszeit: 45 Minuten, ohne Teiggeh- und Abkühlzeit
Backzeit: etwa 40 Minuten
Insgesamt: E: 97 g, F: 9 g, Kh: 680 g, kJ: 13560, kcal: 3241, BE: 56,5

TRADITIONELL – ETWAS BESONDERES

Kartoffel-Gemüse-Salat mit Senfmarinade

Zutaten für 10 Portionen:
1,5 kg Kartoffeln
250 g Staudensellerie
300 g Möhren
200 g Radieschen
3 Frühlingszwiebeln
250 g Cocktailtomaten

Für die Senfmarinade:
2 EL grobkörniger Senf
6 EL weißer Balsamico-Essig
Saft von 1 Zitrone
3 EL Olivenöl
Salz
1 Prise Zucker
frisch gemahlener Pfeffer

Zubereitungszeit:
25 Minuten, ohne Abkühlzeit
Pro Portion:
E: 4 g, F: 3 g, Kh: 26 g, kJ: 655, kcal: 156, BE: 2,0

RAFFINIERT

{1} Die Kartoffeln gründlich waschen, mit Wasser bedeckt zum Kochen bringen und in etwa 25 Minuten gar kochen. Die Kartoffeln abgießen, mit kaltem Wasser abschrecken, abtropfen und etwas abkühlen lassen. Die warmen Kartoffeln pellen, abkühlen lassen und in Scheiben schneiden.

{2} Staudensellerie putzen und die harten Außenfäden abziehen. Selleriestangen abspülen, abtropfen lassen und in dünne Scheiben schneiden. Möhren putzen, schälen, abspülen, abtropfen lassen und auf einem Gemüsehobel in feine Scheiben hobeln. Radieschen putzen, waschen, abtropfen lassen und ebenfalls in feine Scheiben schneiden. Frühlingszwiebeln putzen, waschen, abtropfen lassen und in schmale Scheiben schneiden. Cocktailtomaten waschen, trocken tupfen, halbieren und evtl. die Stängelansätze entfernen. Das vorbereitete Gemüse in eine große Salatschüssel geben und mit den Kartoffelscheiben vermischen.

{3} Für die Marinade Senf mit Essig und Zitronensaft verrühren. Olivenöl unterschlagen. Mit Salz und Zucker würzen.

{4} Die Marinade kurz vor dem Servieren unter die Salatzutaten mischen. Den Salat nochmals mit Salz und Pfeffer abschmecken und zu dem Kassler servieren.

TIPP: Die Salatzutaten und die Marinade können bereits getrennt am Vortag zubereitet und mit Frischhaltefolie zugedeckt im Kühlschrank aufbewahrt werden. Dann den Salat 2–3 Stunden vor dem Servieren aus dem Kühlschrank nehmen und bei Zimmertemperatur stehen lassen. Den Salat kurz vor dem Servieren marinieren und gut abgeschmeckt servieren.

Kasseler mit Pumpernickelkruste

Zutaten für 10 Portionen:
2,2 kg Kasseler Lachsbraten (Kasselerrücken)
250 g Pumpernickel
3 EL Zuckerrübensirup (Rübenkraut)

Zubereitungszeit:
25 Minuten
Garzeit:
etwa 45 Minuten
Pro Portion:
E: 40 g, F: 18 g, Kh: 15 g, kJ: 1623, kcal: 387, BE: 1,5

RAFFINIERT

{1} Kasseler mit Küchenpapier trocken tupfen und auf ein Backblech (mit Alufolie belegt) legen.

{2} Den Backofen vorheizen. Ober-/Unterhitze: etwa 180 °C, Heißluft: etwa 160 °C.

{3} Pumpernickel grob zerbröseln und portionsweise in einem Blitzhacker fein zerkleinern. Pumpernickel in eine Rührschüssel geben. Zuckerrübensirup hinzugeben und zu einer glatten Masse verarbeiten. Die Pumpernickelmasse auf dem Kasseler verteilen und auf der Oberfläche fest andrücken.

{4} Das Backblech in den vorgeheizten Backofen schieben. Kasseler etwa 45 Minuten garen.

{5} Kasseler vom Backblech nehmen und mit einem Elektromesser in Scheiben schneiden. Kasseler auf einer Platte anrichten und heiß servieren.

TIPP: Der Braten kann 1 Tag vor dem Fertiggaren mit der Pumpernickelkruste vorbereitet werden. Dann den Braten zugedeckt im Kühlschrank aufbewahren. Vor dem Servieren braten.

Schokoladenpudding mit Sauerkirschen

im Foto hinten

Zutaten für 10 Portionen:
Für den Schokoladenpudding:
120 g Zucker, 3 EL gesiebtes Kakaopulver,
3 Pck. Dr. Oetker Pudding-Pulver Schokoladen-Geschmack, 1,6 l Milch, 200 g Schlagsahne,
150 g Zartbitter-Kuvertüre
Für die Fruchtmasse:
2 Gläser Sauerkirschen (Abtropfgewicht je 350 g),
300 ml Sauerkirschsaft (aus den Gläsern),
20 g Speisestärke, 60 g Zucker,
1 TL gemahlener Zimt

{1} Für den Pudding Zucker, Kakao und Pudding-Pulver mit etwa 250 ml (¼ l) Milch anrühren. Restliche Milch und Sahne in einem Topf zum Kochen bringen. Die Kuvertüre grob hacken und unter Rühren in der heißen Sahnemilch schmelzen. Angerührtes Pudding-Pulver einrühren und unter Rühren aufkochen lassen. Den Pudding in eine Schüssel geben. Die Puddingoberfläche mit Frischhaltefolie belegen und erkalten lassen.
{2} Für die Fruchtmasse Sauerkirschen in einem Sieb abtropfen lassen. Den Saft auffangen und 300 ml abmessen. Den Saft mit der Speisestärke in einem Topf gut verrühren. Zucker und Zimt unterrühren, unter Rühren zum Kochen bringen. Die Sauerkirschen hinzugeben und unterrühren. Die Fruchtmasse erkalten lassen.
{3} Den Schokoladenpudding mit einem Schneebesen glatt rühren und in Gläsern oder Bechern verteilen. Die Fruchtmasse daraufgeben.

Zubereitungszeit: 30 Minuten, ohne Abkühlzeit
Pro Portion: E: 9 g, F: 18 g, Kh: 62 g, kJ: 1913, kcal: 457, BE: 5,0

RAFFINIERT – EINFACH

Vanillepudding mit Erdbeeren

im Foto rechts

Zutaten für 10 Portionen:
Für den Vanillepudding:
1 l Milch, 2 Pck. Dr. Oetker Pudding-Pulver Vanille-Geschmack, 100 g Zucker, 1 Vanilleschote

1 kg frische Erdbeeren, 80 g Zucker

{1} Für den Pudding etwa 300 ml Milch mit Pudding-Pulver und Zucker anrühren. Restliche Milch in einem Topf erhitzen. Die Vanilleschote längs aufschneiden und das Mark mit einem Messerrücken herauskratzen. Vanilleschote und -mark zu der heißen Milch geben und auf der ausgeschalteten Kochstelle etwa 20 Minuten ziehen lassen.
{2} Die Vanillemilch zum Kochen bringen. Angerührtes Pudding-Pulver in die von der Kochstelle genommene Vanillemilch rühren und unter Rühren aufkochen lassen. Vanilleschote entfernen.
{3} Den Pudding in Portionsgläsern verteilen. Die Puddingoberfläche jeweils mit Frischhaltefolie belegen. Pudding erkalten lassen.
{4} Erdbeeren putzen, abspülen, abtropfen lassen und entstielen. Erdbeeren halbieren, in eine Schüssel geben und mit Zucker bestreuen. Die Erdbeerhälften vor dem Servieren auf dem Vanillepudding verteilen.

Zubereitungszeit: 25 Minuten, ohne Zieh- und Abkühlzeit
Pro Portion: E: 4 g, F: 4 g, Kh: 34 g, kJ: 80 g, kcal: 194, BE: 3,0

EINFACH

Rote Grütze mit Vanillesauce

im Foto links

Zutaten für 10 Portionen:
250 g Erdbeeren, 200 g Himbeeren, 100 g rote Johannisbeeren, 250 g Brombeeren, 200 g schwarze Johannisbeeren, 300 g Zucker, 1 Glas Sauerkirschen (Abtropfgewicht 370 g), 400 ml schwarzer Johannisbeernektar, 100 g Perlsago
Für die Vanillesauce:
250 g Schlagsahne, 250 ml (¼ l) Milch,
1 Vanilleschote, 5 Eigelb (Größe M), 80 g gesiebter Puderzucker

{1} Die Beeren verlesen, abspülen, abtropfen lassen und entstielen. Die Beeren in eine Schüssel geben, mit Zucker bestreuen und zugedeckt etwa 2 Stunden ziehen lassen.
{2} Die Beeren abtropfen lassen, den Saft auffangen. Sauerkirschen abtropfen lassen, den Saft auffangen. Beeren und Sauerkirschen zugedeckt beiseitestellen. Beeren-, Sauerkirschsaft und Johannisbeernektar in einen Topf geben. Sago unterrühren, etwa 1 Stunde quellen lassen.
{3} Den Saft zum Kochen bringen, bei schwacher Hitze so lange erhitzen, bis die Sagoperlen glasig sind und der Saft eingedickt ist, dabei gelegentlich umrühren. Die Beeren und Sauerkirschen vorsichtig unter die Grütze heben, erkalten lassen.
{4} Für die Vanillesauce Sahne und Milch in einen Topf geben. Vanilleschote längs aufschneiden und das Mark herauskratzen. Vanillemark und -schote zu der Sahnemilch geben und einmal aufkochen lassen. Die Sahnemilch auf der ausgeschalteten Kochstelle etwa 20 Minuten ziehen lassen.
{5} Eigelb und Puderzucker verrühren. Die Vanillemilch nochmals aufkochen lassen, zu der Eigelb-Puderzucker-Masse geben und gut verrühren. Die Vanillesauce zurück in den Topf geben, unter ständigem Rühren langsam erhitzen, bis die Sauce dicklich ist (nicht kochen lassen, da das Eigelb sonst gerinnt).
{6} Die Vanillesauce durch ein Sieb in eine Schüssel gießen und abkühlen lassen. Rote Grütze mit der Vanillesauce servieren.

Tipp: Statt Sago 50 g mit 3 Esslöffeln Nektar angerührte Speisestärke verwenden.

Zubereitungszeit:
30 Minuten, ohne Quell-, Zieh- und Abkühlzeit
Pro Portion: E: 5 g, F: 13 g, Kh: 72 g, kJ: 1809, kcal: 432, BE: 6,0

Quiche Lorraine mit Blattsalaten

Zutaten für 12 Stück:

Für den Knetteig:
400 g Weizenmehl
200 g Butter oder Margarine
1 Ei (Größe M)
2 EL kaltes Wasser
etwas Paprikapulver edelsüß
1 gestr. TL Salz
2 EL Weizenmehl zum Ausrollen
etwas Butter für das Backblech oder die Fettpfanne

Für die Füllung:
2 kg Zwiebeln
3 EL Speiseöl, z. B. Sonnenblumenöl
1 TL gemahlener Kümmelsamen
Salz
frisch gemahlener Pfeffer
Zucker
200 g Schinkenwürfel

Für den Guss:
5 Eier (Größe M)
400 g Schlagsahne
400 ml Milch
frisch gemahlene Muskatnuss
Zucker

Für die Blattsalate:
1 Römersalat
1 grüner Eichblattsalat
300 g Rucola (Rauke)
6 EL weißer Balsamico-Essig
Saft von 1 Orange
1 TL mittelscharfer Senf
10 EL Olivenöl

{1} Für den Teig Mehl in eine Rührschüssel geben. Butter oder Margarine, Ei, Wasser, Paprika und Salz hinzufügen. Die Zutaten mit Handrührgerät mit Knethaken zunächst kurz auf niedrigster, dann auf höchster Stufe gut durcharbeiten. Anschließend auf einer leicht bemehlten Arbeitsfläche zu einem glatten Teig verkneten. Den Teig in Frischhaltefolie gewickelt etwa 2 Stunden in den Kühlschrank legen.

{2} Den Teig geschmeidig kneten und auf einer bemehlten Arbeitsfläche zu einem Rechteck (etwa 34 x 44 cm) ausrollen. Die Teigplatte mit etwas Mehl bestäuben, auf einer Teigrolle aufwickeln und auf einem Backblech (30 x 40 cm, mit Butter bestrichen) oder in der Fettpfanne (30 x 40 cm, mit Butter bestrichen) abrollen. Den Teig am Rand hochdrücken.

{3} Für die Füllung Zwiebeln abziehen und in kleine Würfel schneiden. Die Zwiebelwürfel in 3 Portionen andünsten. Dafür jeweils 1 Esslöffel Speiseöl in einer Pfanne erhitzen. Je eine Zwiebelwürfelportion darin unter Rühren andünsten, herausnehmen und in eine Schüssel geben. Die Zwiebelmasse mit Kümmel, Salz, Pfeffer und 1 Prise Zucker würzen, etwas abkühlen lassen.

{4} Den Backofen vorheizen. Ober-/Unterhitze: etwa 220 °C, Heißluft: etwa 200 °C.

{5} Die Zwiebelmasse auf dem Teig verteilen. Die Schinkenwürfel daraufstreuen.

{6} Für den Guss Eier, Sahne und Milch in eine Rührschüssel geben. Mit Salz, Pfeffer, Muskat und 1 Prise Zucker würzen. Die Zutaten mit Handrührgerät mit Rührbesen verschlagen. Den Guss gleichmäßig auf der Zwiebel-Schinken-Masse verteilen.

{7} Das Backblech oder die Fettpfanne in den vorgeheizten Backofen schieben. Die Quiche etwa 15 Minuten backen.

{8} Dann den Backofen auf Ober-/Unterhitze: etwa 200 °C, Heißluft: etwa 180 °C herunterschalten. Die Quiche weitere etwa 45 Minuten backen.

{9} Den Salat putzen, waschen, trocken tupfen oder -schleudern und in mundgerechte Stücke teilen. Salat bis zum Servieren zugedeckt kalt stellen.

{10} Balsamico-Essig mit Orangensaft und Senf in einer Salatschüssel verrühren. Olivenöl unterschlagen. Mit Salz, Pfeffer und 1 Prise Zucker würzen. Den vorbereiteten Salat kurz vor dem Servieren mit der Marinade vermischen. Nach Belieben mit Salz und Pfeffer abschmecken.

{11} Das Backblech oder die Fettpfanne auf einen Rost stellen. Die Quiche in 12 Stücke schneiden und mit den Salaten sofort servieren.

TIPP: Sie können die Quiche auch abkühlen lassen und vor dem Servieren im vorgeheizten Backofen bei Ober-/Unterhitze: etwa 160 °C, Heißluft etwa 140 °C in etwa 15 Minuten aufbacken.

Zubereitungszeit:
60 Minuten, ohne Kühlzeit
Backzeit:
etwa 60 Minuten
Pro Stück:
E: 16 g, F: 42 g, Kh: 40 g, kJ: 2527, kcal: 605, BE: 2,5

EINFACH

Frische Erbsensuppe mit Würstchen

Zutaten für 10 Portionen:
3 Zwiebeln, 400 g Kartoffeln
1 Bund Suppengrün
(Möhren, Sellerie, Porree, Petersilie)
3 EL Speiseöl, Salz
frisch gemahlener Pfeffer
2 ½ l Wasser
2 geh. TL Instant-Gemüsebrühe
1 ½ kg TK-Erbsen
300 g Schlagsahne
frisch geriebene Muskatnuss
1 Prise Zucker
10 Wiener Würstchen

Zubereitungszeit:
40 Minuten
Garzeit:
etwa 35 Minuten
Pro Portion:
E: 24 g, F: 36 g, Kh: 27 g, kJ: 2220, kcal: 530, BE: 2,0

EINFACH

{1} Zwiebeln abziehen und in kleine Würfel schneiden. Kartoffeln waschen, schälen, abspülen, abtropfen lassen und in kleine Würfel schneiden. Suppengrün putzen, evtl. schälen, waschen, abtropfen lassen und in grobe Würfel schneiden. Petersilie grob zerschneiden.
{2} Speiseöl in einem großen Topf erhitzen. Zwiebel- und Gemüsewürfel darin portionsweise unter Rühren andünsten. Kartoffelwürfel hinzugeben. Mit Salz und Pfeffer würzen. Wasser hinzugießen und zum Kochen bringen. Gemüsebrühe hinzugeben. Die Zutaten zugedeckt etwa 30 Minuten bei schwacher bis mittlerer Hitze kochen lassen.
{3} 1 kg gefrorene Erbsen in die Brühe geben, wieder zum Kochen bringen und etwa 5 Minuten mitkochen lassen. Die Suppe mit einem Stabmixer fein pürieren und nochmals aufkochen lassen. Restliche gefrorene Erbsen hinzugeben. Sahne unterrühren. Die Erbsensuppe nochmals unter Rühren kräftig aufkochen lassen. Mit Salz, Pfeffer, Muskat und Zucker abschmecken.
{4} Den Topf auf einen Rost stellen. Die Suppe ohne Deckel auf Zimmertemperatur abkühlen lassen und bis zum Servieren in den Kühlschrank stellen.
{5} Die Suppe vor dem Servieren bei schwacher bis mittlerer Hitze unter gelegentlichem Rühren erhitzen. Die Würstchen in die Suppe geben und etwa 4 Minuten miterhitzen.

Soleier mit Hoisin-Sauce

Zutaten für 20 Stück:
Für die Marinade:
2 l Wasser
100 g Meersalz
3 Lorbeerblätter, 2 EL Senfkörner
50 g getrocknete Dillblüten
3 Gewürznelken , 5 Wacholderbeeren

Für die Soleier:
1 l Wasser
3 Zwiebeln (braunschalig), 20 Eier

Für die Hoisin-Sauce:
200 ml Oystersauce (Austernsauce)
50 ml Sojasauce, 80 g brauner Zucker
5 EL Sesamöl

Zubereitungszeit:
25 Minutent
Pro Stück:
E: 8 g, F: 9 g, Kh: 8 g, kJ: 577, kcal: 138, BE: 0,5

ETWAS BESONDERES

{1} Für die Marinade Wasser mit Salz, Lorbeerblättern, Senfkörnern, Dillblüten, Nelken und Wacholderbeeren in einem Topf aufkochen lassen, bis das Salz aufgelöst ist. Die Marinade erkalten lassen.
{2} Für die Eier Wasser in einem Topf zum Kochen bringen. Zwiebeln mit der Schale abspülen, trocken tupfen und mit der Schale vierteln. Zwiebelviertel in das kochende Wasser geben und etwa 15 Minuten kochen lassen, bis das Wasser die Zwiebelfarbe angenommen hat.
{3} Die Eier am dicken, runden Ende mit einer Nadel oder einem Eierpick anstechen und in dem kochenden Zwiebelwasser etwa 10 Minuten hart kochen. Die Eier mit einer Schaumkelle herausnehmen und mit kaltem Wasser abspülen.
{4} Die Schalen der gekochten Eier anknicken und in die Marinade legen. Die Eier mindestens 2 Tage in der Marinade ziehen lassen.
{5} Für die Sauce Oystersauce, Sojasauce und braunen Zucker in einem Topf aufkochen lassen, bis der Zucker gelöst ist. Sesamöl unterrühren. Die Sauce zu den Soleiern reichen.

TIPPS: Die Eier können 1–2 Wochen in der Marinade gelagert werden. Für die Marinade können Sie statt Dillblüten auch Sternanis verwenden.

Una notte italiana

Eine italienische Nacht, die auch am Nachmittag stattfinden darf:
Eine große Lasagne, zweierlei Braten, Spinat-Orangen-Salat, leckere Meeresfrüchte,
Brot mit Pesto und Tunfischpaste und leckere Desserts.
Hier wird jeder fündig. Italienisch geht immer.

Italienisches Ofenbrot

Zutaten für 10 Portionen:
Für den Hefeteig:
800 ml warmes Wasser, 1 TL Zucker, 1 Pck. (42 g) frische Hefe, 800 g Weizenmehl (Type 550), 400 g Vollkorn-Weizenmehl, 100 ml Olivenöl, 100 g Weichweizengrieß, 2 gestr. TL Salz, 4 EL Weizenmehl zum Bestäuben

{1} Für den Teig Wasser und Zucker in eine Rührschüssel geben. Hefe zerbröseln, hinzugeben, unter Rühren darin auflösen. 600 g des Weizenmehls (Type 550) mit Handrührgerät mit Knethaken unterrühren. Den Vorteig zugedeckt etwa 60 Minuten an einem warmen Ort gehen lassen.
{2} Vollkorn-Weizenmehl, Öl, Grieß und Salz zum Vorteig geben. Mit Handrührgerät mit Knethaken zu einem Teig verarbeiten. Restliches Weizenmehl (Type 550) unterkneten. Den Teig auf einer bemehlten Arbeitsfläche zu einem elastischen Teig verkneten und etwa 5 Minuten ruhen lassen.
{3} Den Teig mit Mehl bestäuben, zu einem ovalen Laib formen und auf ein Backblech (mit Backpapier belegt) legen. Zugedeckt etwa 60 Minuten gehen lassen. Das Backblech in den kalten Backofen schieben. Den Backofen anschalten. Ober-/Unterhitze: etwa 200 °C, Heißluft: etwa 180 °C.
{4} Das Ofenbrot etwa 60 Minuten backen. Das Ofenbrot mit dem Backpapier vom Backblech auf einen Kuchenrost ziehen. Ofenbrot erkalten lassen.

Zubereitungszeit: 20 Minuten, ohne Teiggehzeit
Backzeit: etwa 60 Minuten
Pro Portion: E: 15 g, F: 12 g, Kh: 93 g, kJ: 2274, kcal: 543, BE: 8,0

KLASSISCH

Caponata

Zutaten für 10 Portionen:
600 g Auberginen, 3 Zwiebeln, 6 Stangen Staudensellerie. 150 g schwarze Oliven, entsteint, 1 Chilischote, 50 g Pinienkerne, 50 ml Olivenöl, 150 g geschälte Tomaten (aus der Dose), 100 g Kapern, 2 EL Rotweinessig, 20 g Zucker, Salz, frisch gemahlener Pfeffer, 1 Bund Petersilie

{1} Auberginen waschen, abtrocknen, Enden abschneiden. Auberginen in Würfel schneiden. Zwiebeln abziehen, klein würfeln. Sellerie putzen und die harten Außenfäden abziehen.

Stangen abspülen, abtropfen lassen, in feine Scheiben schneiden. Oliven grob hacken. Chilischote abspülen, trocken tupfen, entstielen, klein hacken. Pinienkerne in einer Pfanne ohne Fett goldbraun rösten, herausnehmen, auf einem Teller erkalten lassen.
{2} Etwas Olivenöl in der Pfanne erhitzen. Auberginenwürfel darin portionsweise anbraten. Auberginenwürfel in eine Schüssel geben. Restliches Olivenöl in der Pfanne erhitzen. Selleriescheiben, Oliven und Chili darin anbraten. Geschälte Tomaten und die Auberginenwürfel hinzugeben, etwa 2 Minuten bei starker Hitze kochen lassen. Die geschälten Tomaten dabei zerdrücken. Pinienkerne und Kapern untermischen. Mit Essig, Zucker, Salz und Pfeffer würzen.
{3} Petersilie abspülen, trocken tupfen. Blättchen von den Stängeln zupfen, klein schneiden und unter das Gemüse heben. Caponata kalt stellen und in kleinen Gläsern servieren.

Zubereitungszeit: 50 Minuten
Pro Portion: E: 4 g, F: 13 g, Kh: 1 g, kJ: 677, kcal: 162, BE: 0,5

RAFFINIERT

Paprikasalsa

Zutaten für 10 Portionen:
je 4 rote und gelbe Paprikaschoten, 1 Zwiebel, 1 Knoblauchzehe, 4 Zweige Zitronenthymian
2 EL Balsamico-Essig, 30 ml Olivenöl, 1 TL mittelscharfer Senf, 1 Prise Zucker, Salz, frisch gemahlener Pfeffer

{1} Paprikaschoten mit einem Sparschäler dünn abschälen. Schoten halbieren, entstielen, entkernen, weiße Scheidewände entfernen. Schoten würfeln, in eine Schüssel geben.
{2} Zwiebel und Knoblauch abziehen, in kleine Würfel schneiden. Zwiebelwürfel unter die Paprikawürfel mischen. Knoblauchwürfel in eine kleine Schüssel geben.
{3} Thymian abspülen, trocken tupfen. Blättchen von den Stängeln zupfen. Thymianblättchen zu den Knoblauchwürfeln geben. Essig unterrühren. Öl unterschlagen. Marinade mit Senf, Zucker, Salz und Pfeffer würzen. Die Marinade zu den Paprikawürfeln geben, gut untermischen. Salsa kalt stellen und über Nacht durchziehen lassen.

Zubereitungszeit: 50 Minuten
Pro Portion: E: 2 g, F: 3 g, Kh: 7 g, kJ: 287, kcal: 69, BE: 0,5

KLASSISCH

Pesto rosso

Zutaten für 10 Portionen:
3 Knoblauchzehen, 100 g Pinienkerne
380 g getrocknete Tomaten, in Öl eingelegt, 80 ml Olivenöl oder Tomatenöl aus der Dose, 100 g frisch geriebener Parmesan-Käse, 1 Bio-Zitrone (unbehandelt, ungewachst), Salz

{1} Knoblauch abziehen, in einen Blitzhacker geben. Getrocknete Tomaten abtropfen lassen, evtl. das Öl auffangen. Pinienkerne und Tomaten zum Knoblauch geben. Olivenöl oder aufgefangenes Tomatenöl (mit Olivenöl aufgefüllt) hinzugießen. Die Zutaten fein pürieren. Käse unterrühren.
{2} Zitrone heiß abwaschen, abtrocknen, Schale abreiben. Zitrone halbieren, Saft auspressen. Zitronenschale und -saft zur Püreemasse geben, gut unterrühren. Pesto mit Salz abschmecken.

TIPP: Pesto rosso zu einem Brotfladen reichen.

Zubereitungszeit: 10 Minuten
Pro Portion: E: 9 g, F: 19 g, Kh: 11 g, kJ: 1070, kcal: 256, BE: 1,0

KLASSISCH

Tunfischpaste

Zutaten für 10 Portionen:
420 g Tunfisch in eigenem Saft (aus Dosen)
150 g Kapern, 4 Sardellen, 500 g Delikatessmayonnaise, 300 ml Joghurt, 3 EL Kapernsud, Salz, frisch gemahlener Pfeffer

{1} Tunfisch abtropfen lassen, in eine Schüssel geben. Kapern abtropfen lassen, den Sud auffangen. Sardellen, Mayonnaise, Joghurt und Kapernsud zum Tunfisch geben.
{2} Die Zutaten grob pürieren. Kapern unterrühren. Mit Salz und Pfeffer abschmecken. Tunfischpaste in ein Glas füllen.

Zubereitungszeit: 15 Minuten
Pro Portion: E: 12 g, F: 49 g, Kh: 3 g, kJ: 2059, kcal: 492, BE: 0,0

KLASSISCH

Spargeltarte

im Foto hinten

Zutaten für 12 Portionen:
Für den Hefeteig:
150 ml warmes Wasser, ½ Pck. (21 g) frische Hefe
1 Prise Zucker, 350 g Weizenmehl, 20 g geriebener Parmesankäse, 1 gestr. TL Salz, 50 ml Olivenöl,
1 EL Weizenmehl zum Ausrollen,
1 TL Butter für die Form
Für den Belag:
750 g grüner Spargel, Salzwasser
Für den Guss:
2 Eier (Größe M), 200 g Schlagsahne,
200 ml Milch, Salz, frisch gemahlener Pfeffer,
frisch geriebene Muskatnuss,
50 g frisch geriebener Parmesan-Käse

{1} Für den Teig Wasser mit der zerbröselten Hefe und Zucker in einer Rührschüssel verrühren. Die Hälfte des Mehls unterrühren. Restliches Mehl, Parmesan-Käse und Salz daraufstreuen. Olivenöl hinzugießen. Den Teig zugedeckt etwa 20 Minuten an einen warmen Ort gehen lassen.
{2} Wenn das aufgestreute Mehl Risse zeigt, alles mit Handrührgerät mit Knethaken zunächst kurz auf niedrigster, dann auf höchster Stufe zu einem glatten Teig verkneten. Den Teig etwa 10 Minuten ruhen lassen.
{3} Den Teig auf einer bemehlten Arbeitsfläche zu einer runden Platte (Ø etwa 34 cm) ausrollen. Die Teigplatte in eine Springform (Ø 28 cm, mit Backpapier belegt, den Rand mit Butter bestrichen) legen und einen etwa 3 cm hohen Rand andrücken.
{4} Den Backofen vorheizen. Ober-/Unterhitze: etwa 200 °C, Heißluft: etwa 180 °C.
{5} Für den Belag von dem Spargel das untere Drittel schälen und die Enden abschneiden. Salzwasser in einem Topf zum Kochen bringen. Den Spargel darin etwa 2 Minuten blanchieren, mit einer Schaumkelle herausnehmen, in ein Sieb geben, mit kaltem Wasser abspülen und abtropfen lassen. Den Spargel kreisförmig auf den Teig legen.
{6} Für den Guss Eier mit Sahne und Milch in einer Rührschüssel verschlagen. Mit Salz, Pfeffer und 1 Prise Muskat abschmecken. Den Guss auf dem Spargel verteilen und mit Parmesan-Käse bestreuen.
{7} Die Tarte auf dem Rost in den vorgeheizten Backofen schieben. Die Tarte in etwa 35 Minuten goldbraun backen.
{8} Die Tarte aus der Form lösen, auf eine Platte legen und warm oder kalt servieren.

TIPP: Die Spargeltarte kann einen Tag vor dem Verzehr zubereitet und gebacken werden. Dann die Tarte vor dem Servieren im vorgeheizten Backofen Ober-/Unterhitze: etwa 180 °C, Heißluft etwa 160 °C in etwa 15 Minuten wieder aufbacken.

Zubereitungszeit: 60 Minuten, ohne Teiggeh- und Ruhezeit
Backzeit: etwa 35 Minuten
Pro Portion: E: 8 g, F: 14 g, Kh: 24 g, kJ: 1081, kcal: 259, BE: 2,0

RAFFINIERT

Spinat-Orangen-Salat

im Foto vorne

Zutaten für 10 Portionen:
400 g feiner Blattspinat, 5 Orangen,
100 g Pinienkerne, 150 g schwarze Oliven,
5 kleine Ziegenfrischkäse (etwa 200 g),
1 Bio-Orange (unbehandelt, ungewachst),
4 EL Balsamico-Essig, 1 TL mittelscharfer Senf,
1 EL flüssiger Honig, 50 ml Olivenöl, Salz,
 frisch gemahlener Pfeffer

{1} Den Spinat verlesen, gründlich waschen und gut abtropfen lassen. Spinatblätter auf Küchenpapier legen und trocken tupfen. Eine Salatschale mit den Spinatblättern auslegen.
{2} Orangen so schälen, dass die weiße Haut mitentfernt wird. Orangen in dicke Scheiben schneiden, dabei den Orangensaft auffangen. Orangensaft in eine Rührschüssel geben.
{3} Pinienkerne in einer Pfanne ohne Fett unter Rühren rösten, herausnehmen und auf einem Teller erkalten lassen.
{4} Abgetropfte Oliven und Pinienkerne auf die Spinatblätter streuen. Orangenscheiben darauf verteilen. Ziegenfrischkäse grob zerbröseln. Den Salat damit bestreuen.
{5} Orange heiß abwaschen, abtrocknen und die Schale abreiben. Orangenschale, Balsamico-Essig, Senf und Honig unter den aufgefangenen Orangensaft rühren. Olivenöl unterschlagen. Mit Salz und Pfeffer abschmecken.
{6} Den Salat mit der Marinade beträufeln. Oder die Marinade zu dem Salat reichen.

Zubereitungszeit: 40 Minuten
Pro Portion: E: 6 g, F: 21 g, Kh: 13 g, kJ: 1098, kcal: 263, BE: 1,0

FRUCHTIG

Garnelen im Fenchelsud mit Rucolasalsa

im Foto hinten

Zutaten für 10 Portionen:
2 kg Garnelen mit Kopf, 2 Zwiebeln,
2 Knoblauchzehen, 1 Fenchelknolle, 4 EL Olivenöl,
250 ml (¼ l) trockener Weißwein,
1 EL Pernod (Anislikör), Saft von 1 Zitrone , Salz,
frisch gemahlener Pfeffer

Für die Salsa:
80 g Rucola (Rauke), 2 Schalotten, 100 g Joghurt
(3,5 % Fett), 300 g Delikatessmayonnaise,
1 Prise Zucker

{1} Die Garnelen unter fließendem kalten
Wasser abspülen und trocken tupfen.
{2} Zwiebeln und Knoblauch abziehen, in
kleine Würfel schneiden. Von der Fenchelknolle die Stiele dicht oberhalb der Knolle
abschneiden. Braune Stellen und Blätter
entfernen. Die Wurzelenden gerade
schneiden. Die Knolle waschen, halbieren
und in feine Streifen hobeln oder schneiden.
{3} Olivenöl in einem Topf erhitzen.
Zwiebel- und Knoblauchwürfel darin glasig
dünsten. Fenchelstreifen hinzugeben und
unter Rühren mit andünsten. Mit Weißwein
ablöschen.
{4} Pernod, Zitronensaft, Salz und Pfeffer
unterrühren und abschmecken. Die Garnelen hinzufügen und zugedeckt etwa 1 Minute
kochen lassen. Den Topf von der Kochstelle
nehmen. Garnelen in dem Fenchelsud
abkühlen lassen.

{5} Für die Sauce Rucola putzen, waschen,
trocken tupfen und die dicken Stiele
herausschneiden. Rucolablätter sehr klein
schneiden. Schalotten abziehen und in
kleine Würfel schneiden. Joghurt und
Mayonnaise in einer Schüssel verrühren.
Rucola und Schalottenwürfel gut unterrühren. Mit Zucker, Salz und Pfeffer würzen.
{6} Die Garnelen aus den Sud nehmen.
Garnelenschwänze abschälen, evtl. den
Darm entfernen. Den Fenchelsud in eine
Servierschale geben. Die Garnelen dekorativ
mit den Köpfen hineinlegen. Mit der
Rucolasalsa servieren.

Zubereitungszeit: 75 Minuten, ohne Abkühlzeit
Pro Portion: E: 19 g, F: 31 g, Kh: 4 g, kJ: 1624, kcal: 388, BE: 0,1

MIT ALKOHOL

Meeresfrüchtesalat

im Foto vorne

Zutaten für 10 Portionen:
500 g gemischte TK-Meeresfrüchte,
400 g festkochende Kartoffeln, Salzwasser,
2 Bund Frühlingszwiebeln, Salz, frisch gemahlener Pfeffer, 4 EL Zitronensaft, 2 EL Balsamico-
Essig, 50 ml Olivenöl, 2 EL flüssiger Honig,
5 Zweige Zitronenmelisse

{1} Die Meeresfrüchte nach Packungsanleitung auftauen lassen. Kartoffeln waschen,
schälen, abspülen, abtropfen lassen, in
kleine Würfel schneiden. Kartoffelwürfel
mit Salzwasser bedeckt zum Kochen
bringen, zugedeckt etwa 4 Minuten bissfest
garen. Kartoffelwürfel in ein Sieb geben,
unter fließendem kalten Wasser abspülen,
und abtropfen lassen. Meeresfrüchte kurz
unter fließendem kalten Wasser abspülen,
abtropfen lassen und trocken tupfen.
{2} Frühlingszwiebeln putzen, waschen,
abtropfen lassen und in feine Scheiben
schneiden. Frühlingszwiebelscheiben mit
den Kartoffelwürfeln und Meeresfrüchten in
eine Schüssel geben. Mit Salz und Pfeffer
würzen.
{3} Zitronensaft mit Essig und Honig verrühren, bis der Honig aufgelöst ist. Öl unterschlagen. Mit Salz und Pfeffer würzen.
Zitronenmelisse abspülen, trocken tupfen.
Die Blättchen von den Stängeln zupfen.
Einige Blättchen zum Garnieren beiseitelegen. Restliche Blättchen in feine Streifen
schneiden und unter die Marinade rühren.
{4} Meeresfrüchte vor dem Servieren mit der
Marinade vermischen, in Jacobsmuschel-
schalen oder kleinen Schälchen anrichten.
Mit beiseitegelegten Melisseblättchen
garnieren.

Zubereitungszeit: 30 Minuten
Pro Portion: E: 6 g, F: 6 g, Kh: 13 g, kJ: 532, kcal: 127, BE: 1,0

ETWAS BESONDERES

Käsestangen

Zutaten für etwa 20 Stück:
Für den Knetteig:
300 g Weizenmehl, 200 g Butter, 30 g frisch
geriebener Parmesan-Käse, 1 TL Paprikapulver
edelsüß, 1 EL frisch gemahlener Pfeffer,
1 Eigelb (Größe M), 1 EL Eiswasser,
2 EL Weizenmehl zum Bestäuben,
1 Eigelb, 2 EL Milch, 100 g frisch geriebener
Parmesan-Käse, 100 g Sesamsamen, geschält

{1} Für den Teig Mehl in eine Rührschüssel
geben. Restliche Zutaten hinzufügen und
mit Handrührgerät mit Knethaken auf
höchster Stufe gut durcharbeiten. Anschließend auf einer bemehlten Arbeitsfläche zu
einem glatten Teig verkneten. Den Teig in
Frischhaltefolie gewickelt etwa 2 Stunden
kalt stellen.
{2} Den Backofen vorheizen. Ober-/Unter-
hitze: etwa 180 °C, Heißluft: etwa 160 °C.
{3} Den kalt gestellten Teig auf einer
bemehlten Arbeitsfläche zu einem Quadrat
(etwa 40 x 40 cm) ausrollen. Eigelb mit
Milch verschlagen. Die Hälfte der Teigplatte
damit bestreichen und mit Käse bestreuen.
Die nicht bestrichene Teighälfte darüber-
klappen, mit einer Teigrolle fest andrücken.
Teigoberfläche mit der restlichen Eigelb-
milch bestreichen, mit Sesam bestreuen.
{4} Den Teig senkrecht in etwa 2 cm breite
Streifen schneiden, auf ein Backblech (mit
Backpapier belegt) legen. Käsestangen etwa
15 Minuten backen.
{5} Die Käsestangen mit dem Backpapier
vom Backblech auf einen Kuchenrost
ziehen. Käsestangen erkalten lassen.

Zubereitungszeit: 50 Minuten, ohne Kühlzeit
Backzeit: etwa 15 Minuten
Pro Stück: E: 5 g, F: 14 g, Kh: 13 g, kJ: 822, kcal: 197, BE: 1,0

ALS SNACK

Olio picante

im Foto hinten links

Zutaten für 250 ml (¼ l):
3 Knoblauchzehen, 2 Zweige Thymian, 1 Zweig
Rosmarin, 250 ml (¼ l) Olivenöl, 1 EL Chiliflocken,
1 gestr. TL grobes Meersalz

{1} Knoblauch abziehen, halbieren, in eine
Servierflasche füllen. Thymian und Rosmarin abspülen, trocken tupfen, in die Flasche
geben. Olivenöl, Chiliflocken und Meersalz
hinzufügen.
{2} Die Flasche verschließen. Das Kräuteröl
mindestens 1 Woche durchziehen lassen.

TIPP: Brotfladen in Stücke brechen. Einige
Tropfen des Kräuteröls auf einen Teller
geben und die Brotstücke eindippen.

Zubereitungszeit: 5 Minuten, ohne Durchziehzeit
Insgesamt: E: 0 g, F: 249 g, Kh: 2 g, kJ: 9267, kcal: 2213, BE: 0,0

SCHNELL – KLASSISCH

Olivensalsa

im Foto links

Zutaten für 10 Portionen:
je 200 g grüne und schwarze Oliven, 1 Bund
Frühlingszwiebeln, 3 Stängel Petersilie, 1 Bio-
Orange (unbehandelt, ungewachst), 4 EL Olivenöl,
3 EL Zitronensaft, 1 TL brauner Zucker, Salz, frisch
gemahlener Pfeffer

{1} Oliven abtropfen lassen, grob hacken.
Frühlingszwiebeln putzen, waschen,
abtropfen lassen, sehr klein schneiden.
Petersilie abspülen, trocken tupfen.
Blättchen von den Stängeln zupfen, grob
zerschneiden. Vorbereitete Zutaten in einer
Schüssel vermischen.
{2} Orange heiß abwaschen, abtrocknen,
Schale abreiben, in eine Schüssel geben.
Orange auspressen. Saft zu den Orangen-
schalen geben. Zitronensaft, Zucker, Salz
und Pfeffer unterschlagen. Die Marinade
abschmecken, mit den vorbereiteten
Zutaten vermischen.
{3} Die Salsa kalt stellen und vor dem
Servieren in Gläser füllen.

TIPP: Olivensalsa zu den Käsestangen
reichen.

Zubereitungszeit: 30 Minuten
Pro Portion: E: 1 g, F: 15 g, Kh: 4 g, kJ: 642, kcal: 153, BE: 0,0

RAFFINIERT

Tomatensalsa

im Foto rechts

Zutaten für 10 Portionen:
400 g reife Strauchtomaten, 200 g Cocktailtomaten, 100 g getrocknete Tomaten, in Öl
(aus dem Glas), 1 rote Zwiebel, 100 g grüne
Oliven, entsteint, 1 Bund Basilikum,
2 EL Tomatenöl (aus dem Glas) oder Olivenöl,
50 g frisch gehobelter Parmesan-Käse,
Salz, frisch gemahlener Pfeffer

{1} Strauch- und Cocktailtomaten abspülen,
trocken tupfen. Strauchtomaten halbieren,
entstielen, entkernen, Stängelansätze herausschneiden. Tomatenhälften in kleine
Würfel schneiden. Cocktailtomaten halbieren, evtl. Stängelansätze herausschneiden.
Getrocknete Tomaten abtropfen lassen, evtl.
das Öl auffangen. Tomaten fein hacken.
{2} Zwiebel abziehen, klein würfeln. Oliven
abtropfen lassen, grob hacken. Die vorbereiteten Zutaten in eine Schüssel geben.
{3} Basilikum abspülen, trocken tupfen.
Blättchen von den Stängeln zupfen, in feine
Streifen schneiden und unter die Zutaten
heben. Tomaten- oder Olivenöl hinzugießen, mit dem Käse unter die Salsa mischen.
Mit Salz und Pfeffer abschmecken.

Zubereitungszeit: 50 Minuten
Pro Portion: E: 3 g, F: 6 g, Kh: 5 g, kJ: 358, kcal: 85, BE: 0,0

ALS BEILAGE ZUM SNACK

Lasagne

Zutaten für 10 Portionen:

Für die Tomatensauce:
3 Zwiebeln, 2 Möhren
5 Stangen Staudensellerie
100 g Kochschinken
100 g Mortadella
(ital. Wurst aus Schweinefleisch)
3 EL Speiseöl
600 g Hackfleisch
(halb Rind-/halb Schweinefleisch)
200 ml Rotwein
1,5 kg geschälte Tomaten (aus Dosen)
Salz, frisch gemahlener Pfeffer
1 Zweig Rosmarin
1 Stange Zimt
3 Gewürznelken
3 Lorbeerblätter

Für die Frischkäsesauce:
1 kg Ricotta (ital. Frischkäse)
200 ml Milch
200 g frisch geriebener Parmesan-Käse
Salz, 1 TL frisch geriebene Muskatnuss

18 Lasagneblätter, ohne Vorkochen

50 g Butter

{1} Für die Tomatensauce Zwiebeln abziehen und in kleine Würfel schneiden. Möhren putzen, schälen, abspülen, abtropfen lassen und ebenfalls klein würfeln. Staudensellerie putzen und die harten Außenfäden abziehen. Sellerie abspülen, abtropfen lassen und in Scheiben schneiden. Kochschinken und Mortadella klein hacken.
{2} Speiseöl in einem großen Topf erhitzen. Das Hackfleisch darin unter Rühren anbraten. Dabei die Fleischklümpchen mit einer Gabel zerdrücken. Vorbereitets Gemüse hinzugeben und etwa 2 Minuten mitbraten lassen. Schinken und Mortadella untermischen. Mit Rotwein ablöschen. Tomaten mit der Flüssigkeit hinzugeben. Mit Salz und Pfeffer würzen.
{3} Rosmarin abspülen und trocken tupfen. Rosmarin, Zimt, Nelken und Lorbeerblätter zur Hackfleischmasse geben, zum Kochen bringen und etwa 30 Minuten kochen lassen. Rosmarinzweig, Zimtstange, Nelken und Lorbeerblätter entfernen.
{4} Den Backofen vorheizen. Ober-/Unterhitze: etwa 180 °C, Heißluft: etwa 160 °C.
{5} Für die Frischkäsesauce Ricotta mit Milch und 100 g des Parmesan-Käses verrühren. Mit Salz und Muskat abschmecken.
{6} Den Boden einer Auflaufform (etwa 4-Liter-Inhalt) mit 6 Lasagneblättern auslegen. Ein Drittel der Frischkäsesauce daraufstreichen. Ein Drittel der Tomatensauce darauf verteilen. Weitere 6 Lasagneblätter darauflegen.
{7} Wieder ein Drittel der Frischkäsesauce und dann ein Drittel der Tomatensauce daraufgeben. Mit den restlichen Lasagneblättern belegen. Zuerst die restliche Tomatensauce, dann die restliche Frischkäsesauce darauf verteilen. Restlichen Parmesan-Käse daraufstreuen. Butterflöckchen daraufsetzen. Die Form auf dem Rost in den vorgeheizten Backofen schieben. Die Lasagne etwa 50 Minuten backen.
{8} Lasagne in Portionsstücke schneiden und heiß servieren.

TIPP: Die Lasagne kann schon am Vortag zubereitet und gebacken werden.
Dann die Lasagne vor dem Servieren im vorgeheizten Backofen bei Ober-/Unterhitze: etwa 160 °C, Heißluft: etwa 140 °C in etwa 30 Minuten wieder aufbacken.

Zubereitungszeit:
60 Minuten
Garzeit:
Hackfleisch-Tomaten-Sauce etwa 30 Minuten
Backzeit:
Lasagne etwa 50 Minuten
Pro Portion:
E: 36 g, F: 43 g, Kh: 25 g, kJ: 2710, kcal: 647, BE: 2,0

KLASSISCH – MIT ALKOHOL

Kalbsbraten mit Milch und Rosmarin

im Foto vorne

Zutaten für 10 Portionen:
2,4 kg Kalbfleisch (aus der Oberschale oder Nussstück), Salz, frisch gemahlener Pfeffer, 2 Zwiebeln, 2 Knoblauchzehen, 4 EL Speiseöl, 1 ½ l Milch, 5 Zweige Rosmarin, 3 Gewürznelken, etwas dunkler Saucenbinder, 2 vorbereitete Zweige Rosmarin

{1} Kalbfleisch mit Küchenpapier trocken tupfen. Mit Salz und Pfeffer einreiben.
{2} Den Backofen vorheizen. Ober-/Unterhitze: etwa 160 °C, Heißluft: etwa 140 °C.
{3} Zwiebeln und Knoblauch abziehen, klein würfeln. Speiseöl in einem Bräter erhitzen. Kalbfleisch darin von allen Seiten bei starker Hitze goldbraun anbraten. Zwiebel- und Knoblauchwürfel hinzugeben, glasig dünsten. Milch hinzugießen.
{4} Rosmarin abspülen, trocken tupfen. Nelken, Rosmarin, Salz und Pfeffer zum Kalbfleisch in den Bräter geben. Den Bräter auf dem Rost in den vorgeheizten Backofen (untere Einschubleiste) schieben. Kalbfleisch ohne Deckel etwa 2 ½ Stunden garen. Kalbfleisch nach etwa 1 Stunde Garzeit wenden.
{5} Den Kalbsbraten aus dem Bräter nehmen, auf eine vorgewärmte Platte legen, warm stellen.
{6} Den Bratenfond durch ein Sieb in einen Topf gießen. Saucenbinder unterrühren, unter Rühren aufkochen. Den Kalbsbraten mit den Rosmarinzweigen belegen und mit der Sauce servieren.

Beilage: Rosmarinkartoffeln.

Zubereitungszeit: 45 Minuten
Garzeit: etwa 2 ½ Stunden
Pro Portion: E: 53 g, F: 17 g, Kh: 9 g, kJ: 1668, kcal: 399, BE: 0,5

ETWAS TEURER – ETWAS BESONDERES

Rinderbraten in Rotwein

im Foto hinten

Zutaten für 10 Portionen:
2,2 kg Rindfleisch (aus der Schulter), 3 Zwiebeln, 200 g Möhren, 100 g Staudensellerie, je 10 Stängel Petersilie und Thymian, 2 Lorbeerblätter, 4 Gewürznelken, 1 Stange Zimt, 5 schwarze Pfefferkörner, 250 ml (¼ l) trockener Rotwein, 50 g geräucherter, durchwachsener Speck, 2 EL Speiseöl, Salz, frisch gemahlener Pfeffer, 50 g kalte Butter

{1} Rindfleisch mit Küchenpapier trocken tupfen, in eine große Schüssel legen. Zwiebeln abziehen. Möhren putzen, schälen, abspülen, abtropfen lassen. Sellerie putzen und die harten Außenfäden abziehen. Stangen abspülen, abtropfen lassen. Zwiebeln, Möhren und Sellerie klein würfeln, zum Rindfleisch in die Schüssel geben.
{2} Petersilie und Thymian abspülen, trocken tupfen. Lorbeerblätter, Nelken, Zimtstange, Pfefferkörner und Kräuterstängel zu dem Rindfleisch geben. Wein hinzugießen. Rindfleisch zugedeckt bei Zimmertemperatur etwa 1 Tag durchziehen lassen. Dabei zwischendurch einmal wenden.
{3} Rindfleisch aus der Marinade nehmen und trocken tupfen.
{4} Den Backofen vorheizen. Ober-/Unterhitze: etwa 160 °C, Heißluft: etwa 140 °C.
{5} Speck klein würfeln. Speiseöl in einem Bräter erhitzen. Speckwürfel darin auslassen.
{6} Rindfleisch in dem Speckfett (mit den Speckwürfeln) von allen Seiten anbraten. Mit Salz und Pfeffer würzen. Die Marinade mit den Gemüsewürfeln und Gewürzen hinzugeben. Den Bräter mit dem Deckel verschließen, auf dem Rost in den vorgeheizten Backofen (untere Einschubleiste) schieben. Rindfleisch etwa 3 Stunden garen. Nach etwa 1 ½ Stunden Garzeit wenden.
{7} Den Rinderbraten aus dem Bräter nehmen, auf eine vorgewärmte Platte legen, warm stellen. Gewürze und Kräuter aus dem Bratenfond entfernen, Fond fein pürieren. Evtl. durch ein Sieb streichen. Butter in Stücke schneiden, unterrühren. Mit Salz und Pfeffer abschmecken. Den Rinderbraten mit der Sauce anrichten.

Zubereitungszeit: 25 Minuten, ohne Marinierzeit
Garzeit: etwa 3 Stunden
Pro Portion: E: 46 g, F: 19 g, Kh: 5 g, kJ: 1915, kcal: 457, BE: 0,5

MIT ALKOHOL

Rosmarin-kartoffeln

im Foto hinten rechts

Zutaten für 10 Portionen:
2,4 kg festkochende Kartoffeln, 1 gestr. TL grobes Meersalz, 50 ml Olivenöl, 4 Zweige Rosmarin

{1} Den Backofen vorheizen. Ober-/Unterhitze: etwa 180 °C, Heißluft: etwa 160 °C.
{2} Die Kartoffeln unter fließendem kalten Wasser gründlich abbürsten und abtropfen lassen. Kartoffeln vierteln oder achteln, Meersalz und Olivenöl untermischen. Kartoffeln auf ein Backblech geben. Rosmarin abspülen und trocken tupfen. Die Nadeln von den Stängeln zupfen. Die Kartoffeln mit den Rosmarinnadeln bestreuen.
{3} Das Backblech in den vorgeheizten Backofen schieben. Die Kartoffeln etwa 30 Minuten backen.
{4} Die Backofentemperatur auf Ober-/Unterhitze: etwa 200 °C, Heißluft: etwa 180 °C erhöhen. Die Kartoffeln weitere etwa 20 Minuten backen, bis sie goldbraun sind.

TIPP: Die Kartoffeln zu dem Kalbsbraten mit Milch und Rosmarin servieren.

Zubereitungszeit: 35 Minuten
Backzeit: etwa 50 Minuten
Pro Portion: E: 5 g, F: 5 g, Kh: 36 g, kJ: 901, kcal: 215, BE: 3,0

RAFFINIERT

Schoko-Amarettini-Flan

Zutaten für 10 Portionen:
600 ml Milch, 800 g Schlagsahne, 1 Vanille-schote, ½ Stange Zimt, 100 g Amarettini (ital. Mandelmakronen), 400 g Zartbitter-Schokolade, 9 Eigelb (Größe M), 2 Eier (Größe M), 90 g Zucker, 4 EL Rum
Außerdem:
1 Porzellan- oder Metallschüssel (3 Liter Inhalt), 1 EL weiche Butter, 1 EL Zucker zum Ausstreuen der Form
500 g Himbeeren

{1} Schüssel mit Butter ausstreichen. Form mit Zucker ausstreuen. Boden mit Backpapier auslegen.
{2} Ein Backblech 2 cm hoch mit Wasser gefüllt in den Backofen schieben (untere Einschubleiste).
{3} Milch und Sahne erhitzen. Die Vanille-schote längs aufschneiden, das Mark herausschaben. Vanillemark, -schote und Zimtstange in die Sahnemilch geben, kurz aufkochen und etwa 20 Minuten bei schwacher Hitze ziehen lassen. Vanilleschote und Zimtstange herausnehmen.
{4} Die Amarettini in einen Gefrierbeutel geben. Beutel fest verschließen. Amarettini mit einer Teigrolle grob zerbröseln. Schokolade in Stücke brechen und in der heißen Sahnemilch unter Rühren schmelzen.
{5} Den Backofen vorheizen. Ober-/Unterhitze: etwa 140 °C, Heißluft: etwa 120 °C.
{6} Eigelb, Eier, Zucker und Rum in einer Rührschüssel verschlagen. Schokoladenflüssigkeit unterrühren. Amarettinibrösel unterrühren.
{7} Die Masse in die vorbereitete Schüssel gießen und auf das mit Wasser gefüllte Backblech stellen. Schoko-Amarettini-Flan etwa 1 ½ Stunden pochieren (garen).
{8} Die Schüssel aus dem Wasserbad nehmen. Schoko-Amarettini-Flan erkalten lassen. Anschließend mindestens 3 Stunden in den Gefrierschrank stellen. Schoko-Amaretti-Flan anfrieren lassen.
{9} Zum Stürzen des Flans die Schüssel 2–3 Minuten in heißes Wasser tauchen, sodass die Form heiß wird. Den Rand mit einem Messer lösen. Einen Teller auf die Schüssel legen. Den Flan aus der Schüssel auf den Teller stürzen. Flan wieder in den Gefrierschrank stellen.
{10} Schoko-Amarettini-Flan etwa 4 Stunden vor dem Servieren in den Kühlschrank stellen.
{11} Die Himbeeren verlesen und auf dem Schoko-Amaretti-Flan anrichten.

Zubereitungszeit: 35 Minuten, ohne Gefrierzeit
Garzeit: etwa 1 ½ Stunden
Pro Portion: E: 12 g, F: 49 g, Kh: 44 g, kJ: 2844, kcal: 679, BE: 3,5

MIT ALKOHOL

Schokoladen-Zimt-Baiser

Zutaten für etwa 20 Stück:
50 g Zartbitter-Kuvertüre, 8 Eiweiß (etwa 250 ml [¼ l]), 1 Prise Salz, 250 g Zucker, 1 TL Speisestärke, 1 TL gemahlener Zimt
Außerdem:
1 TL weiche Butter zum Fetten des Backpapiers

{1} Den Backofen vorheizen. Ober-/Unterhitze: etwa 140 °C, Heißluft: etwa 120 °C.
{2} Kuvertüre in kleine Stücke schneiden. Eiweiß mit Salz und 50 g des Zuckers fast steif schlagen. Restlichen Zucker esslöffelweise unterschlagen. Eischneemasse so lange weiterschlagen, bis der Zucker vollständig gelöst ist. Die Masse muss so fest sein, dass ein Messerschnitt sichtbar bleibt. Speisestärke und Zimt kurz unterrühren. Kuvertüreraspel unterheben.
{3} Die Baisermasse in einen großen Spritzbeutel mit Sterntülle (Ø 14 mm) füllen und Tupfen (Ø etwa 5 cm) auf 2 Backbleche (mit Backpapier belegt, Backpapier leicht mit Butter gefettet) spritzen.
{4} Die Backbleche nacheinander (bei Heißluft zusammen) in den vorgeheizten Backofen schieben. Baiser etwa 30 Minuten backen. Die Backofentemperatur auf Ober-/Unterhitze: etwa 120 °C, Heißluft: etwa 100 °C herunterschalten. Gleichzeitig die Backofentür einen Spalt öffnen (evtl. einen Holzlöffelstiel in die Backofentür legen), sodass die Feuchtigkeit entweichen kann. Baiser etwa 2 Stunden trocknen lassen.
{5} Schokoladen-Zimt-Baiser mit dem Backpapier von den Backblechen auf Kuchenroste ziehen. Schokoladen-Zimt-Baiser erkalten lassen.
{6} Schokoladen-Zimt-Baiser bis zum Servieren trocken lagern, evtl. in einer gut schließenden Dose.

Zubereitungszeit: 30 Minuten
Garzeit: etwa 30 Minuten je Backblech
Trockenzeit: etwa 2 Stunden je Backblech
Pro Stück: E: 2 g, F: 1 g, Kh: 14 g, kJ: 312, kcal: 75, BE: 1,0

RAFFINIERT

Gabeletti Vanilletörtchen mit Maronenkonfitüre

Für den Knetteig:
150 g Weizenmehl, 170 g Butter oder Margarine, 90 g Zucker, 2 Eigelb (Größe M), 1 Prise Salz, 1 Prise gemahlener Zimt
Für die Vanillecreme:
500 ml (½ l) Milch, 500 ml (½ l) Schlagsahne, 120 g Zucker, 2 Pck. Dr. Oetker Pudding-Pulver Vanille-Geschmack, 200 g geschälte Maronen (erhältlich im Kühlregal, Frischepack), 200 ml Wasser, 150 g Zucker, 1 Pck. Dr. Oetker Bourbon-Vanille-Zucker, 2 EL Puderzucker
Außerdem zum Bestreichen und Ausstreuen der Förmchen:
50 g weiche Butter, 50 g Weizenmehl

{1} Für den Teig aus den angegebenen Zutaten wie auf Seite 13 beschrieben einen Knetteig zubereiten, in Frischhaltefolie eingewickelt 1 Stunde kalt stellen.
{2} Den Backofen vorheizen. Ober-/Unterhitze: etwa 180 °C, Heißluft: etwa 160 °C.
{3} Den Teig auf einer bemehlten Arbeitsfläche etwa 1 cm dick ausrollen und 12 runde Platten (Ø etwa 10 cm) ausstechen, in eine Muffinform (für 12 Muffins, mit Butter gefettet, gemehlt) legen und andrücken. Die Teigränder zusätzlich mit einer Gabel andrücken. Die Muffinform kalt stellen.
{4} Für die Vanillecreme aus Milch, Sahne, Zucker und Pudding-Pulver einen Pudding nach Packungsanleitung (aber mit den hier angegebenen Zutaten) zubereiten. Die Vanillecreme jeweils etwa halbvoll in die mit dem Teig ausgelegten Muffinförmchen füllen. Die Form auf dem Rost in den vorgeheizten Backofen schieben. Die Vanilletörtchen etwa 45 Minuten backen.
{5} Die Form auf einen Kuchenrost stellen. Die Vanilletörtchen in der Form etwa 10 Minuten abkühlen lassen. Dann aus den Förmchen lösen und wieder zurück in die Förmchen setzen, kalt stellen.
{6} Die Maronen grob hacken und in einen Topf geben. Wasser, Zucker und Vanille-Zucker hinzugeben, zum Kochen bringen und 5–6 Minuten kochen lassen, bis die Maronen weich sind. Maronenmasse pürieren. Abkühlen lassen.
{7} Vanilletörtchen aus den Förmchen lösen. Maronenkonfitüre darauf verteilen. Oberen Törtchenrand mit Puderzucker bestäuben.

Zubereitungszeit: 70 Minuten, ohne Kühlzeit
Backzeit: etwa 45 Minuten
Pro Stück: E: 5 g, F: 32 g, Kh: 59 g, kJ: 2258, kcal: 540, BE: 5,0

ETWAS BESONDERES

Das exotische Buffet

Darf es asiatisch sein?
Glasnudelsalat mit geröstetem Hackfleisch, Satéspieße mit Erdnusssauce,
scharfer Gurkensalat, zweierlei Curry,
Schweinerippchen mit Pflaumensauce, Kokosmilchreis und Fruchtsaftwürfel.
Hier wird Ihr Gaumen mit den verschiedensten Aromen gekitzelt.

Chili con carne

im Foto hinten rechts

Zutaten für 10 Portionen:
je 5 rote und grüne Paprikaschoten, 4 Zwiebeln, 5 EL Speiseöl, 800 g Rinderhackfleisch, je 1 TL Chiliflocken, gemahlener Kardamom, Kreuzkümmel (Cumin), gemahlener Ingwer, 2 Dosen geschälte Tomaten (Abtropfgewicht je 480 g), 400 g rote Kidney-Bohnen (aus der Dose), 3 EL Tomatenmark, Salz, Zucker

{1} Die Paprikaschoten mit einem Sparschäler grob schälen. Paprikaschoten halbieren, entstielen, entkernen und die weißen Scheidewände entfernen. Schotenhälften waschen, abtropfen lassen und in mundgerechte Streifen schneiden. Zwiebeln abziehen und in kleine Würfel schneiden.
{2} Speiseöl in einem Topf erhitzen. Paprikastreifen darin etwa 4 Minuten unter Rühren anbraten, herausnehmen, auf einen Teller geben und beiseitestellen.
{3} Hackfleisch in dem verbliebenen Speiseöl bei starker Hitze unter Rühren krümelig anbraten. Dabei die Fleischklümpchen mit einer Gabel zerdrücken. Die Gewürze hinzugeben und kurz mit anbraten. Zwiebelwürfel hinzufügen und glasig dünsten. Die geschälten Tomaten mit einem Messer in der Dose zerkleinern und mit der Flüssigkeit hinzugeben. Die Zutaten zum Kochen bringen und etwa 30 Minuten bei schwacher Hitze kochen lassen.
{4} Kidney-Bohnen in ein Sieb geben, mit kaltem Wasser abspülen und abtropfen lassen. Kidney-Bohnen zu dem Chili in den Topf geben und weitere etwa 20 Minuten bei schwacher Hitze kochen lassen. Die vorbereiteten Paprikastreifen hinzugeben und weitere 10 Minuten kochen lassen. Tomatenmark unterrühren. Chili mit Salz und 1 Prise Zucker abschmecken.

Beilage: Weißbrot.

TIPPS: Chili con carne kann mit Crème fraîche und Korianderblättchen serviert werden. Es kann 1–2 Tage vor dem Servieren zubereitet werden. Dann gekühlt aufbewahren und vor dem Servieren bei schwacher Hitze erwärmen.

Zubereitungszeit: 60 Minuten
Backzeit: etwa 75 Minuten
Pro Portion: E: 23 g, F: 17 g, Kh: 18 g, kJ: 1330, kcal: 317, BE: 1,5

KLASSISCH

Indisches Kürbiscurry

im Foto vorne rechts

Zutaten für 10 Portionen:
2 kg Hokkaido-Kürbis, 3 Zwiebeln, 20 g frischer Ingwer, 5 EL Speiseöl, je 1 TL Kurkuma, Kreuzkümmel, Anissamen, Fenchelsamen, Kardamom (alles gemahlen), Salz, 1 EL brauner Zucker 2 Dosen geschälte Tomaten (Abtropfgewicht je 480 g), 500 ml (½ l) Gemüsebrühe

{1} Kürbis abspülen, halbieren und die Kerne mit einem Löffel herauskratzen. Die Kürbishälften in mundgerechte Stücke schneiden. Zwiebeln abziehen und in Würfel schneiden. Ingwer schälen und ebenfalls klein würfeln.
{2} Speiseöl in einem breiten Topf erhitzen. Die Gewürze hinzugeben und unter Rühren einmal aufschäumen lassen. Zwiebel- und Ingwerwürfel hinzugeben, etwa 3 Minuten unter Rühren glasig dünsten. Kürbiswürfel hinzufügen und unter Rühren etwa 4 Minuten andünsten. Mit Salz und braunem Zucker würzen.
{3} Geschälte Tomaten mit der Flüssigkeit und Gemüsebrühe hinzugeben. Mit Salz abschmecken. Kürbiscurry zum Kochen bringen und etwa 30 Minuten bei schwacher Hitze leicht kochen lassen.

Beilage: Reis.

Zubereitungszeit: 40 Minuten
Garzeit: etwa 37 Minuten
Pro Portion: E: 4 g, F: 6 g, Kh: 12 g, kJ: 490, kcal: 117, BE: 1,0

VEGETARISCH – EINFACH

Thai-Hähnchencurry

im Foto links

Zutaten für 10 Portionen:
1,2 kg Hähnchenbrust, etwa 150 ml Fischsauce (aus dem Glas), etwa 30 g brauner Zucker, Salz, 500 g Auberginen, 900 g Zucchini, 3 Frühlingszwiebeln, 1 Bund Koriander, etwa 100 ml Speiseöl, 1 EL grüne Currypaste, 800 ml Kokosmilch, 12 Kaffir-Zitronenblätter (frisch oder TK)

{1} Das Hähnchenfleisch kalt abspülen, trocken tupfen, würfeln, in eine Schüssel geben. 6 Esslöffel Fischsauce, 1 Teelöffel brauner Zucker, 2 Teelöffel Salz unterrühren, zugedeckt und kalt gestellt etwa 1 Stunde marinieren.
{2} Auberginen und Zucchini waschen, abtropfen lassen, Stängelansätze abschneiden. Gemüse in mundgerechte Stücke schneiden.
{3} Frühlingszwiebeln putzen, abspülen, abtropfen lassen, in etwa 2 cm lange Stücke schneiden. Koriander abspülen, trocken tupfen. Blättchen abzupfen, klein schneiden.
{4} Jeweils etwa 2 Esslöffel Speiseöl in einer großen Pfanne erhitzen. Die Zucchini- und Auberginenstücke portionsweise darin unter Rühren etwa 1 Minute kräftig anbraten. Mit jeweils 1 Teelöffel braunem Zucker und 1 Prise Salz bestreuen. Jeweils 1 Esslöffel der Fischsauce hinzugeben und verdampfen lassen. Das Gemüse auf ein großes Backblech geben und abkühlen lassen. Die Frühlingszwiebelstücke kurz in der Pfanne anbraten, herausnehmen und ebenfalls auf das Backblech geben.
{5} Zuletzt marinierte Fleischwürfel portionsweise in der Pfanne mit jeweils 2 Esslöffeln Speiseöl bei starker Hitze unter Rühren anbraten. Die Fleischwürfel herausnehmen und mit auf das Backblech legen.
{6} 2 Esslöffel Speiseöl in einem großen, breiten Topf erhitzen. Die grüne Currypaste darin aufschäumen lassen. Gehackten Koriander hinzugeben und kurz andünsten. Kokosmilch hinzugießen und aufkochen lassen. Zitronenblätter hinzugeben. Mit 1 Esslöffel braunem Zucker, 5 Esslöffeln Fischsauce und Salz abschmecken. Fleischwürfel und Gemüse hinzugeben, zum Kochen bringen und etwa 2 Minuten bei schwacher Hitze kochen lassen, nochmals abschmecken.

TIPPS: Hähnchencurry kann 1–2 Tage vor dem Servieren zubereitet werden.

Zubereitungszeit: 90 Minuten, ohne Marinier- und Abkühlzeit
Pro Portion: E: 32 g, F: 25 g, Kh: 9 g, kJ: 1611, kcal: 387, BE:0,5

RAFFINIERT

Kartoffel-Ingwer-Suppe

im Foto vorne

Zutaten für 10 Portionen:
1 Suppenhuhn (etwa 1 kg), 1 Bund Suppengrün
(Sellerie, Möhren, Porree), 1 Bund Petersilie,
4 Liter Wasser, Salz, schwarze Pfefferkörner,
2 Zwiebeln, 100 g Ingwer, 1,2 kg festkochende
Kartoffeln, 4 EL Speiseöl, 200 g Schlagsahne,
Zucker, 1 Bund Koriander zum Bestreuen

{1} Am Vortag der Zubereitung das Suppenhuhn innen und außen unter fließendem
kalten Wasser abspülen und abtropfen
lassen.
{2} Suppengrün putzen, schälen, waschen,
abtropfen lassen und grob zerkleinern.
Petersilie abspülen und trocken tupfen.
{3} Wasser in einem großen Topf zum
Kochen bringen. Das Suppenhuhn in das
kochende Wasser geben, wieder zum
Kochen bringen und evtl. abschäumen.
Das vorbereitete Suppengrün und die
Petersilie zum Huhn in den Topf geben,
zum Kochen bringen und etwa 4 Stunden
bei schwacher Hitze ohne Deckel leicht
kochen lassen. Darauf achten, dass das
Suppenhuhn mit der Brühe bedeckt ist.
Die Suppe abkühlen lassen und in den
Kühlschrank stellen.
{4} Das erhärtete Fett von der Suppenober-
fläche abnehmen. Das Suppenhuhn aus
der Brühe nehmen. Das Fleisch von den
Knochen lösen und in kleine Stücke
schneiden.
{5} Das ausgekochte Gemüse und die
Petersilie aus der Brühe nehmen und
entfernen. Die Brühe durch ein Sieb
gießen und kalt stellen.
{6} Die Zwiebeln abziehen und in grobe
Würfel schneiden. Ingwer schälen und in
kleine Würfel schneiden. Kartoffeln
waschen, schälen, abspülen und abtropfen
lassen. 700 g Kartoffeln grob würfeln. Die
restlichen Kartoffeln (500 g) in kleine
Würfel schneiden, mit Wasser bedeckt
beiseitestellen.

{7} Speiseöl in einem großen Topf
erhitzen. Zwiebelwürfel darin glasig
dünsten. Die grob geschnittenen Kartoffelwürfel und Ingwerwürfel hinzugeben,
unter Rühren kurz mitdünsten lassen. Die
Hühnerbrühe hinzugießen, zum Kochen
bringen und etwa 30 Minuten bei schwacher Hitzen leicht kochen lassen. Sahne
hinzugießen und einmal aufkochen
lassen. Die Suppe mit einem Stabmixer
fein pürieren. Sollte die Suppe zu dick
sein, etwas Wasser unterrühren. Das
Hühnerfleisch in die Suppe geben. Die
Suppe mit Salz und Zucker abschmecken,
abkühlen lassen und bis zum Servieren
kalt stellen.
{8} Die beiseitegestellten, kleinen
Kartoffelwürfel in reichlich kochendem
Salzwasser etwa 3 Minuten bissfest
kochen. Kartoffelwürfel in ein Sieb geben,
mit kaltem Wasser abspülen und in die
kalt gestellte Suppe geben.
{9} Die Kartoffel-Ingwer-Suppe etwa 30
Minuten vor dem Servieren bei schwacher
bis mittlerer Hitze erhitzen.
{10} Koriander abspülen und trocken
tupfen. Die Blättchen von den Stängeln
zupfen. Blättchen grob zerkleinern. Die
Suppe mit Koriander bestreut servieren.

Zubereitungszeit: 90 Minuten, ohne Abkühlzeit
Garzeit: 4 ½ Stunden
Pro Portion: E: 38 g, F: 31 g, Kh: 18 g, kJ: 2127, kcal: 508, BE: 1,5

DAUERT LÄNGER

Rote Linsensuppe mit Kaffir-Zitronenblättern

im Foto hinten

Zutaten für 10 Portionen:
1 Bund Suppengrün (Sellerie, Möhren, Porree),
2 Zwiebeln, 3 EL Speiseöl, je 1 TL Kreuzkümmel,
Koriander, Ingwer (gemahlen), 3 l Hühnerbrühe ,
Salz, Zucker, 200 g rote Linsen, 400 ml Kokosmilch, 10 Kaffir-Zitronenblätter, 3 EL Sesamöl

{1} Das Suppengrün putzen, schälen,
waschen, abtropfen lassen und in kleine
Stücke schneiden. Zwiebeln abziehen und
in grobe Würfel schneiden.
{2} Speiseöl in einem großen Topf erhitzen. Die Gewürze hinzugeben und unter
Rühren aufschäumen lassen. Das vorbereitete Suppengrün und die Zwiebelwürfel
hinzugeben, unter Rühren andünsten.
Hühnerbrühe hinzugießen und zum
Kochen bringen. Mit Salz und 1 Prise
Zucker würzen. Das Gemüse etwa 20 Min-
ten bei schwacher Hitze kochen lassen, bis
es weich ist.
{3} Die Hälfte der roten Linsen und Kokosmilch hinzugeben, weitere etwa 10 Minuten
kochen lassen. Den Topf von der Kochstelle nehmen. Die Suppe mit einem Stabmixer
fein pürieren.
{4} Die Kaffir-Zitronenblätter abspülen,
trocken tupfen und in die Suppe geben. Mit
Salz und 1 Prise Zucker abschmecken. Die
Suppe kalt stellen.
{5} Wasser in einem Topf zum Kochen
bringen. Die restlichen roten Linsen darin
etwa 2 Minuten bissfest kochen. Linsen in
ein Sieb geben und mit kaltem Wasser
abspülen.
{6} Kalt gestellte Suppe bei mittlerer Hitze
erhitzen. Linsen unterrühren. Die Suppe
mit Sesamöl beträufeln und servieren.

TIPP: Die Suppe schmeckt mit selbst
gekochter Hühnerbrühe unvergleichlich.
Aber Sie können auch Instant-Hühner-
brühe oder Hühnerbrühe aus dem Glas
verwenden.

Zubereitungszeit: 30 Minuten
Garzeit: 30 Minuten
Pro Portion: E: 8 g, F: 14 g, Kh: 15 g, kJ: 896, kcal: 214, BE: 1,0

SCHNELL

Mango-Kokos-Reis

im Foto hinten

Zutaten für 10 Portionen:
1 l Kokosmilch
200 ml Orangensaft
250 g Milchreis
150 g Zucker
1 Prise Salz
2 reife Mangos
Saft von 2 Zitronen

Zubereitungszeit:
40 Minuten, ohne Quellzeit
Garzeit:
30 Minuten
Pro Portion:
E: 4 g, F: 17 g, Kh: 45 g, kJ: 1483, kcal: 357, BE: 4,0

FRUCHTIG

{1} Kokosmilch und Orangensaft in einen Topf gießen. Milchreis, Zucker und Salz unterrühren. Den Milchreis etwa 1 Stunde quellen lassen.

{2} Den Reis in ein Sieb geben und abtropfen lassen. Die Kokosmilch dabei auffangen und wieder in den Topf gießen. Kokosmilch zum Kochen bringen. Den Reis wieder hinzugeben, zum Kochen bringen und unter Rühren etwa 5 Minuten bei mittlerer Hitze kochen lassen. Den Reis bei schwacher Hitze weitere etwa 25 Minuten unter gelegentlichem Rühren garen. Den Reis auf der ausgeschalteten Kochstelle nachquellen lassen. Den Kokosreis abkühlen lassen und anschließend kalt stellen.

{3} Mangos halbieren und jeweils den Stein herauslösen. Mangohälften schälen, in mundgerechte Würfel schneiden und in eine Schüssel geben. Zitronensaft hinzugeben. Mangostücke mit dem Zitronensaft vermischen.

{4} Den Kokosreis vor dem Servieren in kleine Portionsschälchen oder Gläser füllen. Die Mangostücke auf dem Kokosreis verteilen. Den Mango-Kokos-Reis bis zum Servieren kalt stellen.

Thailändische Kokos-Fruchtwürfel mit Litschi

im Foto vorne

Zutaten für etwa 50 Fruchtwürfel:
20 g weiche Butter zum Bestreichen
Für die erste Schicht:
80 g Tapiokamehl (erhältlich im Asialaden)
50 g Reismehl (erhältlich im Asialaden)
150 g Zucker
1 Prise Salz
250 ml (¼ l) Kokosmilch
Für die zweite Schicht:
80 g Tapiokamehl
50 g Reismehl
150 g Zucker
250 ml (¼ l) schwarzer Johannisbeernektar
2 TL Zitronensäure

2 Dosen Litschi (Abtropfgewicht je 280 g)

Zubereitungszeit:
30 Minuten, ohne Abkühlzeit
Dämpfzeit:
etwa 60 Minuten
Pro Stück:
E: 0,0 g, F: 1 g, Kh: 11 g, kJ: 237, kcal: 57, BE: 1,0

RAFFINIERT

{1} Eine flache Auflaufform oder Metallschüssel (Ø etwa 25 cm, Höhe etwa 5 cm) mit Butter ausstreichen.

{2} Für die erste Schicht Tapiokamehl mit Reismehl, Zucker, Salz und Kokosmilch in eine Rührschüssel geben und mit einem Schneebesen glatt rühren. Die Masse in die vorbereitete Form oder Schüssel gießen.

{3} Einen Topf, größer als die Auflaufform, etwa 2 cm hoch mit Wasser füllen. Einen Dämpfeinsatz hineinstellen. Die Auflaufform oder Schüssel mit der Kokosmasse in den Topf auf den Dämpfeinsatz setzen. Einen Deckel darauflegen. Das Wasser zum Kochen bringen. Die Kokosmasse etwa 30 Minuten dämpfen und stocken lassen.

{4} In der Zwischenzeit für die zweite Schicht Tapiokamehl mit Reismehl, Zucker, Johannisbeersaft und Zitronensäure mit einem Schneebesen glatt rühren. Die Fruchtmasse auf der gestockten Kokosmasse verteilen. Den Deckel darauflegen. Das Wasser wieder zum Kochen bringen. Die Kokosmasse mit der Fruchtmasse weitere etwa 30 Minuten dämpfen und stocken lassen. Evtl. Wasser nachgießen.

{5} Die Form oder Schüssel aus dem Topf nehmen. Die Kokos-Frucht-Masse erkalten lassen. Anschließend die Kokos-Frucht-Masse aus der Form lösen, auf ein Schneidbrett legen und in etwa 3 x 3 cm große Würfel schneiden. Die Kokos-Fruchtwürfel auf kleinen Tellern verteilen.

Litschi in einem Sieb abtropfen lassen und auf den Tellern verteilen.

TIPPS: Die Kokos-Fruchtwürfel können gut vorbereitet und einige Tage kalt gestellt werden. Die Fruchtsäfte lassen sich beliebig austauschen. Es empfiehlt sich, hochwertige Säfte, Nektare oder frisch gepresste Säfte zu verwenden.

Schweinerippchen mit Pflaumensauce

Zutaten für 10 Portionen:
2,8 kg Schweinerippchen (Dicke Rippe)
etwa 2 l Wasser
Salz
2 Zwiebeln
2 Knoblauchzehen
2 rote Chilischoten
2 EL Speiseöl
200 g entsteinte Backpflaumen
1 l Orangensaft
2 EL Tomatenmark
50 ml dunkle, chinesische Sojasauce
50 ml Oystersauce (Austernsauce)

Zubereitungszeit:
30 Minuten, ohne Durchziehzeit
Garzeit:
Rippchen etwa 60 Minuten
Garzeit:
Pflaumensauce etwa 15 Minuten
Pro Portion:
E: 30 g, F: 20 g, Kh: 23 g, kJ: 1656, kcal: 395, BE: 2,0

RAFFINIERT

{1} Schweinerippchen unter fließendem kalten Wasser abspülen, trocken tupfen und in einen großen Topf legen. Wasser hinzugießen. Mit 2 Teelöffeln Salz bestreuen.
{2} Die Rippchen zum Kochen bringen und zugedeckt etwa 50 Minuten bei schwacher Hitze kochen lassen, bis das Fleisch weich ist. Die Rippchen aus dem Topf nehmen und in eine Schüssel legen.
{3} Zwiebeln und Knoblauch abziehen, klein würfeln. Chilischoten abspülen, trocken tupfen und fein hacken.
{4} Speiseöl in einem Topf erhitzen. Zwiebel- und Knoblauchwürfel darin glasig dünsten. Chilistückchen, Backpflaumen, Orangensaft, Tomatenmark und Sojasauce hinzugeben. Die Sauce zum Kochen bringen und etwa 15 Minuten kochen lassen. Die Sauce mit einem Stabmixer fein pürieren.
{5} Die Pflaumensauce auf den Rippchen verteilen und zugedeckt mindestens 8 Stunden im Kühlschrank durchziehen lassen.
{6} Den Backofengrill vorheizen.
{7} Die Rippchen aus der Pflaumensauce nehmen und am Schüsselrand abstreifen. Die Rippchen auf einem Backofenrost verteilen. Die Rippchen auf dem Rost unter den vorgeheizten Backofengrill (untere Einschubleiste) schieben. Eine Fettpfanne darunterstellen.
{8} Die Schweinerippchen von jeder Seite etwa 5 Minuten grillen.
{9} In der Zwischenzeit die Pflaumensauce in einen Topf geben und aufkochen lassen. Die Rippchen auf eine Servierplatte legen. Die Pflaumensauce dazureichen.

TIPP: Sie können die Rippchen auch auf dem Holzkohlegrill backen.

Sesam-Möhren mit Hähnchen

Zutaten für 10 Portionen:
1,2 kg Hähnchenbrust
1 Knoblauchzehe
2 EL Oystersauce (Austernsauce)
3 EL Sojasauce
1 EL Sesamöl

1,4 kg Möhren
100 g Sesamsamen
50 ml Speiseöl
Salz
Zucker

200 ml Sweet Chilisauce
100 ml Oystersauce (Austernsauce)
80 ml Sesamöl

Zubereitungszeit:
70 Minuten, ohne Marinier- und Abkühlzeit
Pro Portion:
E: 33 g, F: 20 g, Kh: 17 g, kJ: 1662, kcal: 397, BE: 1,0

ETWAS BESONDERES

{1} Hähnchenbrust unter fließendem kalten Wasser abspülen, trocken tupfen und in kleine Würfel schneiden. Fleischwürfel in eine Schüssel geben. Knoblauch abziehen, klein schneiden und auf die Fleischwürfel geben. Oystersauce, Sojasauce und Sesamöl darauf verteilen und mit den Fleischwürfeln vermischen. Die Fleischwürfel etwa 1 Stunde marinieren.
{2} Möhren putzen, schälen, abspülen, abtropfen lassen, halbieren und in Stifte schneiden.
{3} Sesam in einer großen Pfanne bei mittlerer Hitze unter Rühren anrösten, herausnehmen und auf einen Teller geben. Sesam erkalten lassen.
{4} Je 2 Esslöffel Speiseöl in der Pfanne erhitzen. Die Möhrenstifte darin portionsweise etwa 2 Minuten unter Rühren anbraten. Die Möhrenportionen jeweils mit Salz und 1 Prise Zucker bestreuen und auf ein Backblech geben.
{5} Jeweils 2 Esslöffel des Speiseöls in der Pfanne erhitzen. Die Fleischwürfel darin portionsweise unter Rühren anbraten. Pro Portion nur so viel Fleischwürfel in die Pfanne legen, dass der Pfannenboden knapp bedeckt ist. Die angebratenen Fleischwürfelportionen auf den Möhrenstiften verteilen.
{6} Sweet Chilisauce, Oystersauce und Sesamöl in einem großen, breiten Topf erhitzen. Die Möhrenstifte und Fleischwürfel hinzugeben, unter Rühren einmal kurz aufkochen. Die Sesam-Möhren mit Salz würzen.

Glasnudelsalat mit geröstetem Hackfleisch und Limettensauce

im Foto vorne

Zutaten für 10 Portionen:
400 g Glasnudeln, warmes Wasser , 2 rote Chilischoten, 2 Knoblauchzehen, 2 Bund Koriander, 800 g Hackfleisch (halb Rind-/halb Schweinefleisch), 3 EL Speiseöl, Salz, 6 EL salzige, dunkle Sojasauce, 3 EL Fischsauce (aus dem Glas), Zucker, 400 g Zuckerschoten , 2 Bund Frühlingszwiebeln, 1 Römersalat

Für die Limettenmarinade:
80 ml Limettensaft (von 6–8 Limetten), 1 rote Chilischote

{1} Die Glasnudeln nach Packungsanleitung zubereiten.
{2} Chilischoten abspülen, trocken tupfen und klein schneiden. Knoblauch abziehen und ebenfalls klein schneiden. Koriander abspülen und trocken tupfen. Die Blättchen von den Stängeln zupfen und für die Marinade beiseitelegen. Korianderstängel und evtl. -wurzeln klein hacken.
{3} Hackfleisch in 3 Portionen anbraten. Dafür jeweils 1 Esslöffel Speiseöl in einer großen Pfanne erhitzen. Eine Hackfleischportion hineingeben. 1 große Prise Salz, je 1 Esslöffel Sojasauce, Fischsauce, ein Drittel der gehackten Chilischoten, ein Drittel des Knoblauchs und 1 Prise Zucker hinzufügen. Die Zutaten bei starker Hitze unter Rühren kräftig braun anbraten. Dabei die Fleischklümpchen mit einer Gabel zerdrücken. Ein Drittel des klein gehackten Korianders unterrühren. Die angebratenen Hackfleischportionen in eine Schüssel geben, abkühlen lassen und kalt stellen.
{4} Die Glasnudeln in einem Sieb abtropfen lassen und mit einer Küchenschere in etwa 10 cm lange Stücke schneiden. Die Glasnudeln mit Salz und 3 Esslöffeln Sojasauce mischen, abschmecken und zum Hackfleisch in die Schüssel geben.
{5} Die Zuckerschoten abspülen, abtropfen lassen und in feine Streifen schneiden. Frühlingszwiebeln putzen, waschen, abtropfen lassen und in feine Scheiben schneiden. Zuckerschotenstreifen und Frühlingszwiebelscheiben zu den Glasnudeln geben und vorsichtig unterheben. Salat kalt stellen.

{6} Den Römersalat putzen, abspülen und abtropfen lassen. Die Blätter von dem Salat lösen. Große Blätter in kleine Stücke zupfen. Die Salatblätter auf die vorbereiteten Zutaten in die Schüssel legen und bis zum Servieren kalt stellen.
{7} Für die Marinade Limetten halbieren, den Saft auspressen, 80 ml abmessen und in eine Schüssel geben. Chilischote abspülen, trocken tupfen und fein hacken. Chili mit ½ Teelöffel Salz und 1 Prise Zucker unter den Limettensaft rühren. Die beiseitegelegten Korianderblätter grob zerzupfen.
{8} Die Limettenmarinade kurz vor dem Servieren auf dem Salat verteilen und gut untermischen. Den Salat mit Korianderblättchen bestreuen und sofort servieren.

TIPP: Statt der Limettenmarinade können Sie Limettenviertel zum Selbstauspressen dazureichen.

Zubereitungszeit: 70 Minuten, ohne Abkühlzeit
Pro Portion: E: 18 g, F: 17 g, Kh: 41 g, kJ: 1625, kcal: 388, BE: 3,0

ETWAS BESONDERES

Asia-Gemüse-Salat mit Hähnchenfleisch

im Foto hinten

Zutaten für 10 Portionen:
500 g Hähnchenbrust, 2 Knoblauchzehen , 1 TL Paprikapulver edelsüß, 3 EL Sojasauce, 1 EL brauner Zucker, 2 rote Chilischoten, 800 g Chinakohl, 400 g gelbe Paprikaschoten, 200 g Zuckerschoten, 400 g Staudensellerie, 300 g Möhren, 250 g Sojasprossen, etwa 80 ml Speiseöl, Salz, brauner Zucker, 10 EL Fischsauce (aus dem Glas), 6 EL Sesamöl, 3 EL Zitronensaft

{1} Hähnchenbrust unter fließendem kalten Wasser abspülen, trocken tupfen und in mundgerechte Streifen schneiden. Hähnchenstreifen in eine Schüssel geben.

{2} Knoblauch abziehen, in kleine Würfel schneiden und zu den Hähnchenstreifen geben. Paprika, Sojasauce und braunen Zucker hinzufügen. Die Zutaten mit den Hähnchenstreifen vermischen. Zugedeckt und kalt gestellt etwa 3 Stunden marinieren.
{3} Chilischoten abspülen, trocken tupfen, klein hacken und beiseitelegen. Chinakohl putzen, abspülen, halbieren und den Strunk herausschneiden. Chinakohlblätter von den Blattrippen schneiden. Blätter in Stücke schneiden und bis zum Servieren kalt stellen. Die dickeren Blattrippen in feine Streifen schneiden.
{4} Paprikaschoten mit einem Sparschäler grob schälen. Paprikaschoten halbieren, entstielen, entkernen und die weißen Scheidewände entfernen. Schotenhälften abspülen, abtropfen lassen und in feine Streifen schneiden. Zuckerschoten abspülen, abtropfen lassen und längs halbieren. Staudensellerie putzen und die harten Außenfäden abziehen. Selleriestangen abspülen, abtropfen lassen und in Scheiben schneiden. Möhren putzen, schälen, abspülen, abtropfen lassen und in Streifen schneiden. Sojasprossen abspülen und trocken tupfen.
{5} Jeweils 1–2 Esslöffel Speiseöl in einer großen Pfanne oder einem Wok erhitzen. Das vorbereitete Gemüse darin portionsweise kurz unter Rühren anbraten. Die einzelnen Gemüseportionen mit je 1 Prise gehackter Chilischote, Salz und braunem Zucker bestreuen. Je etwas Fischsauce hinzugießen und einkochen lassen.
{6} Die angebratenen Gemüseportionen auf einem Backblech verteilen und abkühlen lassen.
{7} Restliches Speiseöl in der Pfanne oder dem Wok erhitzen. Die marinierten Hähnchenstreifen darin portionsweise anbraten, herausnehmen und auf dem Gemüse verteilen.
{8} Die kalt gestellten Chinakohlblätter mit 1 Prise Salz mischen und in eine große Servierschale legen. Den Gemüse-Hähnchenstreifen-Salat mit Salz abschmecken und auf den Chinakohlblättern verteilen. Den Salat mit Sesamöl und Zitronensaft beträufeln und kurz vor dem Servieren unter den Salat mischen.

Zubereitungszeit: 90 Minuten, ohne Marinier- und Abkühlzeit
Pro Portion: E: 16 g, F: 15 g, Kh: 11 g, kJ: 1029, kcal: 247, BE: 0,5

RAFFINIERT

Satéspieße mit Erdnusssauce und Gurkensalat

Zutaten etwa 25 große Spieße:
1,4 kg Hähnchenbrustfilet
60 g frischer Ingwer
4 Knoblauchzehen
1 gestr. TL Salz
je 1 TL Kreuzkümmel, Koriander, Kurkuma
(gemahlen)
3 TL brauner Zucker
200 ml Kokosmilch

Für die Erdnusssauce:
2 TL Erdnussöl
1 TL gelbe Currypaste
1 TL Chiliflocken
300 g feine Erdnussbutter
500 ml (½ l) Kokosmilch
1 EL Zucker
1 gestr. TL Salz

Außerdem:
etwa 25 Holzspieße

Für den Gurkensalat:
2 große Salatgurken
1 rote Chilischote
2 EL Sojasauce
1 EL brauner Zucker
4 EL Weißweinessig
5 Stängel Koriander
3 EL Sesamöl

{1} Hähnchenbrustfilets unter fließendem kalten Wasser abspülen, trocken tupfen und jeweils längs in 3 lange Streifen schneiden. Die Fleischstreifen nochmals quer halbieren, sodass etwa 15 cm lange Streifen entstehen (etwa 25 Streifen).

{2} Ingwer schälen und in kleine Würfel schneiden. Knoblauch abziehen und ebenfalls klein würfeln. Ingwer- und Knoblauchwürfel in eine Rührschüssel geben. Salz, Gewürze und Zucker hinzugeben. Kokosmilch unterrühren. Die Fleischstreifen in die Marinade legen und mindestens 3 Stunden marinieren.

{3} Die Fleischstreifen aus der Marinade nehmen, dabei die Marinade am Schüsselrand etwas abstreifen. Die Fleischstreifen spiralförmig auf Holzspieße stecken.

{4} Für die Sauce Erdnussöl in einem Topf bei schwacher Hitze erhitzen. Currypaste und Chiliflocken darin unter Rühren aufschäumen lassen. Die Fleischmarinade und Erdnussbutter unterrühren. Kokosmilch hinzugießen. Die Sauce unter Rühren einmal aufkochen lassen. Mit Zucker und Salz abschmecken.

{5} Für den Salat die Gurken mit einer Gabel einritzen und etwa 5 Minuten liegen lassen. Die Gurkenschale dünn abschälen. Die Gurken in feine Scheiben schneiden oder hobeln und in eine große Schüssel geben. Chilischote abspülen, trocken tupfen, halbieren und entkernen. Schotenhälften fein hacken und in einen Topf geben. Sojasauce, braunen Zucker und Essig hinzugeben und unter Rühren einmal aufkochen lassen. Den Topf von der Kochstelle nehmen. Die Marinade abkühlen lassen.

{6} Koriander abspülen und trocken tupfen, kleinschneiden. Sesamöl unter die Marinade schlagen. Koriander unterrühren. Die Marinade mit den Gurkenscheiben vermischen. Den Gurkensalat bis zum Servieren kalt stellen.

{7} Den Backofengrill vorheizen. Oder die Holzkohle (Gartengrill) anzünden.

{8} Die Spieße auf ein mit Alufolie belegtes Backblech legen und unter dem vorgeheizten Backofengrill von jeder Seite etwa 2 Minuten grillen. Oder die Spieße in eine Aluschale legen und auf dem heißen Grillrost von jeder Seite etwa 2 Minuten grillen.

{9} Die Satéspieße mit der Erdnusssauce und dem Gurkensalat servieren.

TIPPS: Die Holzspieße können vor dem Aufspießen des Fleisches in kaltes Wasser gelegt werden. So kann das Fleisch besser aufgespießt werden und sie verbrennen nicht beim Grillen. Die Satéspieße portionsweise grillen.

Zubereitungszeit:
60 Minuten, ohne Marinierzeit
Pro Spieß:
E: 43 g, F: 33 g, Kh: 12 g, kJ: 2178, kcal: 524, BE: 1,0

ETWAS BESONDERES

Das bayrische Buffet

Alpenländische Gaumenfreuden, die Urlaubserinnerungen wecken:
Rindssuppe mit Grießnocken, Flechtbrot mit Obaztem,
Leberkäse und Krautsalat, Schweinekrustenbraten und Krautwickel,
zweierlei Strudel und Rohrnudeln.

Apfelstrudel mit Vanillesauce

im Foto vorne

Zubereitungszeit:
50 Minuten, ohne Ruhezeit
Backzeit:
etwa 50 Minuten

16 Stück

Pro Stück:
E: 6 g, F: 28 g, Kh: 57 g, kJ: 2112, kcal: 505, BE: 4,5

ETWAS BESONDERES

{1} Für den Teig Mehl in eine Rührschüssel geben. Salz, Wasser, Ei und Speiseöl hinzufügen. Die Zutaten mit Handrührgerät mit Knethaken zu einem weichen, elastischen Teig verarbeiten. Den Teig zu einer Kugel formen und dünn mit Speiseöl bestreichen. Teigkugel in Frischhaltefolie gewickelt etwa 30 Minuten bei Zimmertemperatur ruhen lassen.
{2} Den Backofen vorheizen. Ober-/Unterhitze: etwa 200 °C, Heißluft: etwa 180 °C.
{3} Für die Apfelfüllung Äpfel schälen, vierteln, entkernen und in kleine Stücke schneiden. Apfelstücke evtl. mit Zitronensaft beträufeln. 100 g der Butter in einer Pfanne zerlassen. Semmelbrösel und Zimt hinzugeben, bei mittlerer Hitze unter Rühren anrösten.
{4} Restliche Butter zum Bestreichen zerlassen. Den Teig auf einem großen bemehlten Geschirrtuch ausrollen und mit etwas Butter bestreichen. Den Teig mit den Händen zu einem Rechteck (etwa 70 x 60 cm) ausziehen. Die Ränder, wenn sie dicker sind, abschneiden. Die Hälfte der restlichen, zerlassenen Butter auf den Teig träufeln. Geröstete Semmelbrösel daraufstreuen. Apfelstücke, Rosinen und Zucker darauf verteilen, dabei einen etwa 10 cm breiten Rand frei lassen. Die Ränder einschlagen. Den Strudel mithilfe des Geschirrtuches von der schmalen Seite aus aufrollen und die Enden gut zusammendrücken. Den Strudel mit der Nahtseite nach unten auf ein Backblech (gefettet, mit Backpapier belegt) legen.
{5} Das Backblech in den vorgeheizten Backofen schieben. Den Strudel etwa 50 Minuten backen.
{6} Das Backblech auf einen Kuchenrost stellen. Den Strudel mit der restlichen zerlassenen Butter bestreichen und dick mit Puderzucker bestäuben.
{7} Für die Vanillesauce Milch mit Zucker und Vanille-Zucker in einem Topf zum Kochen bringen. Saucenpulver mit Sahne anrühren und in die kochende Milch rühren. Die Sauce unter Rühren einmal aufkochen. Die Sauce kalt stellen und zum Apfelstrudel reichen.

VARIANTE: Topfenstrudel mit Erdbeersauce (im Foto hinten). Für die Topfenstrudel einen Strudelteig mit den Zutaten wie im Apfelstrudel-Rezept beschrieben zubereiten. Für die Füllung 750 g Magerquark (Topfen) mit 100 g Zucker, 1 Päckchen Vanillin-Zucker, Zitronensaft und -schale von 1 Zitrone (unbehandelt), 1 Päckchen Saucenpulver Vanille-Geschmack, zum Kochen und 3 Eigelb (Größe M) verrühren. Eiweiß mit 50 g Zucker steif schlagen und unter die Quarkmasse rühren. 250 g Schlagsahne ebenfalls steif schlagen und unterheben. Den Teig jedoch halbieren und wie beschrieben zu 2 Rechtecken (je etwa 70 x 60 cm) ausziehen. 100 g Butter zerlassen. Die Hälfte davon auf den Teigplatten verteilen. Jeweils die Hälfte der Teigplatten mit der Hälfte der Quarkmasse bestreichen. Die Ränder einschlagen und von der schmalen Seite aus aufrollen. Darauf achten, dass die Quarkmasse mindestens 2-mal mit dem Teig umwickelt ist. Die Strudel wie beschrieben auf ein Backblech legen und bei gleicher Backofentemperatur etwa 50 Minuten backen. Die Strudel mit der restlichen Butter bestreichen und mit 100 g Puderzucker bestäuben. Für die Erdbeersauce 500 g geputzte, gewaschene Erdbeeren pürieren. 150 g gesiebten Puderzucker unterrühren. Die Strudel mit der Erdbeersauce servieren.

Rohrnudeln mit Mohnfüllung

im Foto vorne

Zutaten für etwa 30 Stück:
Für den Hefeteig:
400 ml Milch, 100 g Schlagsahne, 1,1 kg Weizenmehl, 1 Pck. (42 g) frische Hefe, 120 g Zucker, 5 Eier (Größe M), 150 g weiche Butter
Für die Füllung:
350 ml Mich, 200 g Zucker, 300 g geriebener Grau- oder Blaumohn, 50 g Butter, 120 g Rosinen, 100 g Weizenmehl zum Bestäuben, 3 EL Zucker, 1 TL gemahlener Zimt, 150 g Schlagsahne
Außerdem:
20 g weiche Butter zum Bestreichen
Für die Marillensauce:
1 kg frische Aprikosen (Marillen), 180 g Zucker, 500 ml (½ l) Weißwein, 2 Sternanis, 1 Stange Zimt, 1 Vanilleschote

{1} Für den Teig Milch und Sahne erwärmen. 400 g des Mehls in eine Rührschüssel geben. In die Mitte eine Vertiefung drücken und die Hefe hineinbröckeln. Zucker, Sahne und Milch hinzufügen. Die Zutaten gut verrühren. Den Vorteig zugedeckt an einem warmen Ort etwa 30 Minuten gehen lassen.
{2} Eier, Butter und restliches Mehl hinzugeben. Die Zutaten mit Handrührgerät mit Knethaken zunächst kurz auf niedrigster, dann auf höchster Stufe in etwa 5 Minuten zu einem glatten Teig verarbeiten. Den Teig zugedeckt etwa 1 Stunde an einem warmen Ort gehen lassen.
{3} Für die Füllung Milch und Zucker in einem Topf zum Kochen bringen. Den Mohn hinzugeben und etwa 2 Minuten unter Rühren kochen lassen. Butter und Rosinen unterrühren. Mohnmasse erkalten lassen.
{4} Den gegangenen Teig leicht mit Mehl bestäuben, aus der Schüssel nehmen und auf einer bemehlten Arbeitsfläche nochmals kurz durchkneten. Den Teig zu einer etwa 80 cm langen Rolle formen. Aus der Teigrolle etwa 30 gleich große Scheiben schneiden. Die Teigscheiben auf der bemehlten Arbeitsfläche zu etwa 12 cm großen Scheiben flach drücken und nebeneinanderlegen.

{5} Die Mohnmasse auf den Teigscheiben verteilen. Den Teig um die Füllung schlagen und mit der Naht nach unten mit etwas Abstand auf ein Backblech (mit Backpapier belegt, mit Butter bestrichen) setzen. Die Teigrohrnudeln nochmals zugedeckt etwa 1 Stunde gehen lassen.
{6} In der Zwischenzeit den Backofen vorheizen. Ober-/Unterhitze: etwa 180 °C, Heißluft: etwa 160 °C.
{7} Zucker und Zimt mischen. Die Teigrohrnudeln mit Sahne bestreichen und mit Zimt-Zucker bestreuen. Das Backblech in den vorgeheizten Backofen schieben. Die Rohrnudeln etwa 40 Minuten backen.
{8} Für die Marillensauce Aprikosen waschen, trocken tupfen, halbieren und entsteinen. Aprikosenhälften in einen Topf geben. Zucker, Wein, Sternanis und Zimtstange hinzufügen. Die Vanilleschote längs aufschneiden, das Mark herauskratzen. Vanilleschote und -mark hinzugeben. Aprikosenhälften einmal aufkochen lassen und 1–2 Minuten bei schwacher Hitze kochen lassen. Sternanis, Zimtstange und Vanilleschote entfernen. Die Rohrnudeln mit der Marillensauce servieren.

Zubereitungszeit: 90 Minuten, ohne Teiggeh- und Abkühlzeit
Backzeit: etwa 40 Minuten
Pro Stück: E: 9 g, F: 15 g, Kh: 54 g, kJ: 1689, kcal: 404, BE: 4,5

MIT ALKOHOL

Bayrische Creme

im Foto rechts

Zutaten für 10 Portionen:
1 Vanilleschote, 700 ml Milch, 8 Blatt weiße Gelatine, 160 g Zucker, 2 Pck. Dr. Oetker Bourbon-Vanille-Zucker, 700 g Schlagsahne
Für das Himbeerpüree:
800 g Himbeeren, 150 g gesiebter Puderzucker

{1} Die Vanilleschote längs aufschneiden und das Mark herauskratzen. Vanilleschote, -mark und Milch in einem Topf aufkochen lassen. Die Vanillemilch etwa 15 Minuten bei schwacher Hitze ziehen lassen.
{2} Gelatine in kaltem Wasser nach Packungsanleitung einweichen. Die heiße Vanillemilch in eine Rührschüssel geben. Gelatine ausdrücken und in der Vanillemilch unter Rühren auflösen. Vanilleschote entfernen. Zucker und Vanille-Zucker unterrühren. Die Schüssel in kaltes Wasser stellen und unter gelegentlichem Rühren gelieren lassen.
{3} Sahne steif schlagen. Wenn die Vanillemilch anfängt zu gelieren, glatt rühren und ein Viertel der Sahne mit einem Schneebesen unterrühren. Restliche Sahne mit einem Teigschaber unterheben.
{4} Die Creme in eine Schüssel geben und bis zum Servieren kalt stellen.
{5} Für das Himbeerpüree Himbeeren verlesen, evtl. kurz abspülen und trocken tupfen. Einige Himbeeren zum Garnieren auf Küchenpapier abtropfen lassen. Restliche Himbeeren mit Puderzucker pürieren. Himbeerpüree durch ein Sieb streichen.
{6} Die beiseitegelegten Himbeeren auf der Creme verteilen. Die Bayrische Creme mit dem Himbeerpüree servieren.

Zubereitungszeit: 50 Minuten, ohne Zieh- und Kühlzeit
Pro Portion: E: 6 g, F: 25 g, Kh: 42 g, kJ: 1765, kcal: 422, BE: 3,5

KLASSISCH

Flechtbrot

Zutaten:
600 g Weizenmehl Type 550
1 Pck. Dr. Oetker Trockenbackhefe
1 EL Zucker
600 ml warmes Wasser
150 g Roggenmehl Type 1150
250 g Vollkorn-Weizenmehl
1 ½ gestr. TL Salz

Außerdem:
50 g Weizenmehl zum Bestäuben
1 TL Kümmelsamen
1 TL grobes Meersalz

Zubereitungszeit:
40 Minuten, ohne Teiggehzeit
Backzeit:
etwa 40 Minuten
Insgesamt:
E: 109 g, F: 16 g, Kh: 727 g, kJ: 14804, kcal: 3534, BE: 60,5

KLASSISCH

{1} 300 g des Weizenmehls (Type 550) in eine Rührschüssel geben. Mit Trockenbackhefe, Zucker und warmem Wasser zu einem glatten Teig verrühren. Den Vorteig zugedeckt etwa 1 Stunde an einem warmen Ort gehen lassen.

{2} Restliches Mehl (Type 550), Roggenmehl, Vollkorn-Weizenmehl und Salz portionsweise mit Handrührgerät mit Knethaken unter den Vorteig arbeiten, sodass ein glatter Teig entsteht. Den Teig zugedeckt nochmals etwa 2 Stunden an einem warmen Ort gehen lassen.

{3} Den gegangenen Teig leicht mit Mehl bestäuben, aus der Schüssel nehmen und auf einer bemehlten Arbeitsfläche nochmals gut durchkneten.

{4} Den Teig in insgesamt 7 Portionen teilen (6 Portionen je etwa 150 g, 1 Portion etwa 500 g). Die 6 Teigportionen (je etwa 150 g) zu je einer etwa 40 cm langen Rolle formen. Restliche Teigportion (etwa 500 g) zu einer etwa 1 m langen Rolle formen.

{5} Die Teigrollen wie unten beschrieben auf ein Stück Backpapier legen und zu einem Kranz formen. Das Backpapier mit dem Kranz auf ein Backblech ziehen. Den Teigkranz zugedeckt nochmals etwa 40 Minuten an einem warmen Ort gehen lassen.

{6} In der Zwischenzeit den Backofen vorheizen. Ober-/Unterhitze: etwa 200 °C.

{7} Den Teigkranz mit Wasser bestreichen. Mit Kümmel und Meersalz bestreuen. Das Backblech in den vorgeheizten Backofen schieben. Das Flechtbrot etwa 40 Minuten backen.

{8} Das Flechtbrot mit dem Backpapier vom Backblech auf einen Kuchenrost ziehen. Flechtbrot erkalten lassen und frisch servieren.

TIPP: Das Flechtbrot kann am Vortag zubereitet und vor dem Servieren im vorgeheizten Backofen bei Ober-/Unterhitze: etwa 200 °C in etwa 10 Minuten aufgebacken werden.

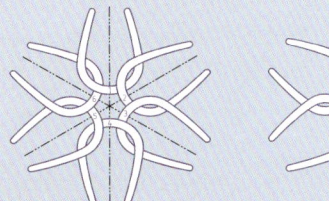 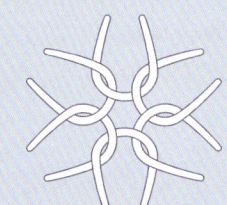 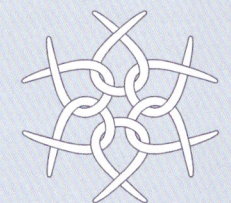   

Obatzter

Zutaten für 10 Portionen:
300 g reifer Camembert
450 g Doppelrahm-Frischkäse
100 g weiche Butter
4 Zwiebeln
1 ½ TL Paprikapulver rosenscharf
1 TL Kümmelsamen, Salz
frisch gemahlener Pfeffer
5 Stängel glatte Petersilie

Außerdem:
400 g Rettich

Zubereitungszeit:
20 Minuten
Pro Portion:
E: 12 g, F: 30 g, Kh: 4 g, kJ: 1374, kcal: 328, BE: 0,1

TRADITIONELL

{1} Den Camembert in eine Rührschüssel geben und mit einer Gabel grob zerdrücken. Frischkäse und Butter hinzugeben und gut unterrühren.

{2} Zwiebeln abziehen. 2 Zwiebeln in kleine Würfel schneiden. Restliche Zwiebeln zuerst in dünne Scheiben schneiden, dann in Ringe teilen.

{3} Zwiebelwürfel, Paprika und Kümmel unter die Camembert-Frischkäse-Masse rühren. Mit Salz und Pfeffer würzen.

{4} Petersilie abspülen und trocken tupfen. Die Blättchen von den Stängeln zupfen.

{5} Den Obatzten in eine Schale füllen. Mit Petersilienblättchen und Zwiebelringen garnieren.

{6} Den Rettich schälen und in dünne Scheiben schneiden. Rettichscheiben zu dem Obatzten reichen.

BEILAGE: Flechtbrot.

Gebackener Leberkäse

im Foto vorne rechts

Zutaten für 10 Portionen:
1 EL weiche Butter für die Form,
1 kg Schweinenacken (ohne Knochen), 600 g
Schweinebauch, 400 g fetter Speck, 3 Zwiebeln,
2 Knoblauchzehen, 1 TL gerebelter Majoran,
1 TL gerebelter Thymian, 15 g Pökelsalz,
400 ml Eiswasser

{1} Eine Kastenform (30 x 11 cm) mit Butter
ausstreichen. Den Formboden mit Backpapier belegen.
{2} Schweinenacken, Schweinebauch und
Speck mit Küchenpapier trocken tupfen und
in kleine Würfel schneiden. Die Fleischwürfel in eine Edelstahlschüssel geben und etwa
30 Minuten in den Gefrierschrank stellen.
{3} Den Backofen vorheizen. Ober-/Unter-
hitze: etwa 200 °C.
{4} Zwiebeln und Knoblauch abziehen, in
grobe Würfel schneiden. Die eisgekühlten
Fleischwürfel, Zwiebel-, Knoblauchwürfel,
Majoran, Thymian, Pökelsalz und Eiswasser in einen großen Blitzhacker geben und
zu einem feinen Fleischbrei verarbeiten.
Oder die Zutaten portionsweise in einem
kleinen Blitzhacker zerkleinern.
{5} Den Fleischbrei in eine Schüssel geben
und nochmals gut vermengen. Den Fleischbrei in der vorbereiteten Kastenform verteilen. Die Oberfläche mit angefeuchteten
Händen zu einer glatten Wölbung formen
und mit einem Messerrücken gitterartig
eindrücken.
{6} Die Form auf dem Rost (untere Einschubleiste) in den vorgeheizten Backofen
schieben. Leberkäse etwa 30 Minuten
backen. Dann die Backofentemperatur auf
Ober-/Unterhitze: etwa 180 °C herunterschalten. Leberkäse weitere etwa 10 Minuten backen.
{7} Leberkäse etwa 15 Minuten im ausgeschalteten Backofen stehen lassen. Dann
den Leberkäse aus der Form lösen, in
Scheiben schneiden und heiß servieren.

TIPPS: Den Leberkäse erkalten lassen und
vor dem Servieren bei Ober-/Unterhitze:
etwa 180 °C etwa 15 Minuten erwärmen. Oder
die Leberkäsescheiben in etwa 4 Esslöffeln
Speiseöl von beiden Seiten braten.

Zubereitungszeit: 70 Minuten, ohne Anfrierzeit
Garzeit: etwa 40 Minuten
Pro Portion: E: 33 g, F: 60 g, Kh: 19 g, kJ: 2777, kcal: 664, BE: 0,0

TRADITIONELL

Krautsalat

im Foto links

Zutaten für 10 Portionen:
1 Kopf Weißkraut (Weißkohl, etwa 1 ½ kg),
1 gestr. TL Salz, 1 EL Zucker, 2 Zwiebeln , 5 EL
Olivenöl, 5 EL Weißweinessig, 1 TL Kümmelsamen

{1} Weißkraut putzen, vierteln und den
Strunk herausschneiden. Krautviertel
abspülen, abtropfen lassen und auf einem
Gemüsehobel in feine Streifen hobeln.
Krautstreifen in eine Salatschüssel geben.
Salz und Zucker untermischen, mindestens
1 Stunde durchziehen lassen.
{2} Zwiebeln abziehen, in feine Streifen
schneiden und mit den Weißkrautstreifen
vermischen.
{3} Olivenöl, Essig und Kümmel unter den
Salat rühren. Den Salat mit Salz und Zucker
abschmecken. Mindestens 5 Stunden
durchziehen lassen.
{4} Den Weißkrautsalat zu dem Leberkäse
servieren.

Zubereitungszeit: 25 Minuten, ohne Durchziehzeit
Pro Portion: E: 2 g, F: 5 g, Kh: 7 g, kJ: 353, kcal: 84, BE: 0,5

KLASSISCH

Apfel-Käse-Salat

im Foto hinten

Zutaten für 10 Portionen:
3 Äpfel, z. B. Jonagold, 3 rote Zwiebeln, 500 g
Radieschen, 400 g Bergkäse, 200 g Emmentaler-
Käse, 1 Bund Schnittlauch, Salz, frisch gemahlener
Pfeffer, 4 EL Weißweinessig, 2 EL mittelscharfer
Senf, 6 EL Olivenöl, 1 Prise Zucker, 60 g frischer
Meerrettich

{1} Die Äpfel waschen und abtrocknen. Äpfel
nach Belieben schälen. Äpfel halbieren und
jeweils das Kerngehäuse herausschneiden.
Apfelhälften auf einem Gemüsehobel in
feine Scheiben hobeln.
{2} Zwiebeln abziehen, halbieren und in
feine Scheiben schneiden. Radieschen
putzen, waschen, abtropfen lassen und in
feine Scheiben schneiden.
{3} Die beiden Käsesorten in kleine Würfel
schneiden. Schnittlauch abspülen, trocken
tupfen und in Röllchen schneiden.
{4} Die vorbereiteten Zutaten in eine
Salatschüssel geben. Mit Salz und Pfeffer
bestreuen und vermischen.
{5} Essig mit Senf verrühren, Olivenöl
unterschlagen. Mit Salz und Zucker
abschmecken.
{6} Meerrettich schälen, fein reiben und
unter die Marinade rühren. Die Marinade
unter den Salat heben. Den Salat mit Salz
und Pfeffer abschmecken.
{7} Den Apfel-Käse-Salat zu dem Leberkäse reichen.

Zubereitungszeit: 20 Minuten
Pro Portion: E: 18 g, F: 26 g, Kh: 6 g, kJ: 1390, kcal: 332, BE: 0,5

EINFACH

Rindssuppe mit Grießnocken

Zutaten für 10 Portionen:
1,2 kg Suppenfleisch (z. B. hohe Rippe oder Beinscheibe), 4 l Wasser, 1 Bund Suppengrün (Sellerie, Möhren, Porree), 1 Zwiebel, 10 Stängel Petersilie, 1 Gewürznelke, 2 Lorbeerblätter, 10 Pfefferkörner, 2 gestr. TL Salz

Für die Grießnocken:
1 l Milch, 50 g Butter, 1 gestr. TL Salz, frisch geriebene Muskatnuss, 200 g Hartweizengrieß, 2 Eier (Größe M), Salzwasser, 1 Bund Schnittlauch

{1} Suppenfleisch kurz unter fließendem kalten Wasser abspülen und trocken tupfen. Wasser in einem großen Topf zum Kochen bringen. Das Suppenfleisch hineinlegen und einmal kräftig aufkochen lassen. Dabei ab und zu den Schaum mit einer Schaumkelle abschöpfen.
{2} Sellerie und Möhren putzen, schälen, abspülen und abtropfen lassen. Porree putzen, die Stange längs halbieren, gründlich waschen und abtropfen lassen. Suppengrün in Stücke schneiden.
{3} Die Zwiebel halbieren und mit der Schnittfläche nach unten in einer heißen Pfanne ohne Fett bräunen lassen. Zwiebelhälften herausnehmen und zu dem Suppenfleisch in den Topf geben.
{4} Petersilie abspülen, trocken tupfen und in die Suppe legen. Nelke, Lorbeerblätter, Pfefferkörner und Salz hinzugeben. Die Suppe zum Kochen bringen und etwa 4 Stunden ohne Deckel bei schwacher Hitze kochen lassen. Die Suppe mit Salz abschmecken.
{5} Das gegarte Suppenfleisch aus der Brühe nehmen und etwas abkühlen lassen. Das Fleisch von den Knochen lösen und in kleine Stücke schneiden. Die Suppe durch ein Sieb in einen Topf gießen. Gemüse, Kräuter und Gewürze entfernen.
{6} Das Suppenfleisch in die Suppe geben. Die Suppe auf Zimmertemperatur abkühlen lassen und anschließend in den Kühlschrank stellen. Die Suppe entfetten.
{7} Für die Grießnocken Milch, Butter, Salz und Muskat in einem Topf zum Kochen bringen. Grieß unter Rühren einstreuen, unter Rühren einmal stark aufkochen und 3–4 Minuten bei schwacher Hitze kochen lassen, bis ein dicker Grießbrei entstanden ist.

{8} Den Grießbrei in eine Rührschüssel geben und die Eier unterrühren. Mit Salz und Muskat abschmecken.
{9} Reichlich Salzwasser in einem Topf zum Kochen bringen. Mithilfe von zwei Esslöffeln Nocken von dem Grießbrei abstechen und in das kochende Salzwasser geben. Die Nocken etwa 4 Minuten bei schwacher Hitze gar ziehen lassen. Die Nocken sind gar, wenn sie an der Oberfläche schwimmen.
{10} Die Grießnocken mit einer Schaumkelle aus dem Salzwasser nehmen, abtropfen lassen und auf ein Backblech legen. Die Nocken mit Frischhaltefolie zudecken und bis zum Servieren kalt stellen.
{11} Vor dem Servieren Schnittlauch abspülen, trocken tupfen und in feine Röllchen schneiden. Die Rindssuppe erhitzen. Die Nocken hinzugeben und etwa 4 Minuten erhitzen. Die Suppe auf Tellern anrichten und mit Schnittlauchröllchen bestreut servieren.

TIPP: Falls die Nocken beim Garen auseinanderfallen, zusätzlich einen Esslöffel Speisestärke unter den Grießbrei rühren. Es ist ratsam, zuerst eine Probenocke zuzubereiten.

Zubereitungszeit: 40 Minuten
Garzeit: Suppe etwa 4 Stunden
Garzeit: Nocken etwa 4 Minuten
Pro Portion: E: 32 g, F: 25 g, Kh: 21 g, kJ: 1813, kcal: 434, BE: 1,5

KLASSISCH

Käsesuppe mit Croûtons und Frühlingszwiebeln

Zutaten für 10 Portionen:
Für die Suppe:
100 g Butter oder Margarine, 70 g Weizenmehl, 500 ml (½ l) Weißwein, 500 ml (½ l) Gemüsebrühe, 1 l Milch, Salz, frisch gemahlener Pfeffer, frisch geriebene Muskatnuss, 3 Knoblauchzehen, 240 g Greyerzer-Käse, 240 g Emmentaler-Käse, 1 Bund Frühlingszwiebeln

Für die Croûtons:
8 Scheiben Weißbrot, 50 g Butter

{1} Für die Suppe Butter oder Margarine in einem Topf zerlassen. Mehl hinzufügen und unter Rühren so lange erhitzen, bis es hellgelb ist. Wein, Brühe und Milch hinzugießen. Mit einem Schneebesen durchschlagen. Dabei darauf achten, dass keine Klümpchen entstehen. Mit Salz, Pfeffer und Muskat würzen.
{2} Knoblauch abziehen, halbieren und in die Suppe geben. Die Suppe zum Kochen bringen und etwa 5 Minuten bei schwacher Hitze kochen lassen. Die Knoblauchhälften entfernen.
{3} Greyerzer- und Emmentaler-Käse auf einer Haushaltsreibe grob reiben und unter die Suppe rühren. Die Suppe unter Rühren erhitzen, bis der Käse geschmolzen ist.
{4} Die Frühlingszwiebeln putzen, waschen, abtropfen lassen und in feine Scheiben schneiden.
{5} Für die Croûtons Weißbrotscheiben entrinden und in Würfel schneiden. Butter in einer großen Pfanne zerlassen. Die Brotwürfel darin von allen Seiten unter Rühren anrösten, herausnehmen und mit Salz bestreuen.
{6} Käsesuppe nochmals mit Salz, Pfeffer und Muskat abschmecken. Mit Frühlingszwiebelscheiben und Croûtons anrichten.

TIPPS: Die Knoblauchhälften können auf eine Gabel gespießt und in die Suppe gegeben werden, dann können sie sehr einfach wieder herausgeholt werden. Eine Pfeffermühle mit schwarzem Pfeffer zum Bestreuen zu der Käsesuppe stellen.

Zubereitungszeit: 50 Minuten
Garzeit: etwa 5 Minuten
Pro Portion: E: 20 g, F: 31 g, Kh: 21 g, kJ: 1987, kcal: 475, BE: 1,5

KLASSISCH – MIT ALKOHOL

Krautwickel mit Schinken-Kräuter-Sauce

im Foto vorne

Zutaten für etwa 20 Stück:
1 Kopf Weißkohl (etwa 3 kg), 1 l Wasser,
2 Brötchen (Semmeln vom Vortag), 1,8 kg
Hackfleisch (halb Rind-/halb Schweinefleisch),
3 Zwiebeln, 2 EL mittelscharfer Senf, Salz, frisch
gemahlener Pfeffer, 6 EL Speiseöl, 1 TL Kümmelsamen, 1 l Gemüsebrühe

Für die Schinken-Kräuter-Sauce:
5 Zwiebeln, 125 g Butter, 200 g Schinkenspeck-
würfel, 2 EL Weizenmehl, 200 g Schlagsahne,
750 ml (¾ l) Gemüsebrühe (von den Krautwickeln),
1 Bund Petersilie, 1 EL Sojasauce, Salz, frisch
gemahlener Pfeffer, 1 Prise Zucker

Außerdem:
Rouladennadeln oder Küchengarn

{1} Von dem Kohl die äußeren, welken
Blätter entfernen. Den Kohl abspülen,
abtropfen lassen und den Strunk keilförmig
herausschneiden.
{2} Den Kohl in einem breiten, hohen Topf
mit Wasser zum Kochen bringen. Den Kohl
zugedeckt etwa 40 Minuten bei schwacher
Hitze kochen lassen, bis sich die Blätter
lösen. Den Kohl herausnehmen und mit
kaltem Wasser abspülen. Von dem Kohl-
kopf etwa 20 große Blätter ablösen und auf
eine Arbeitsfläche legen. Die dicken
Blattrippen flach schneiden. Bei kleineren
Kohlblättern jeweils 2 Blätter übereinander-
legen.
{3} Die Brötchen in warmem Wasser einweichen. Brötchen ausdrücken. Hackfleisch
und Brötchen in eine Schüssel geben.
Zwiebeln abziehen, in kleine Würfel
schneiden und mit dem Senf zum Hackfleisch geben. Die Zutaten gut vermengen.
Mit Salz und Pfeffer würzen. Die Hackfleischmasse auf den ausgelegten Kohlblättern verteilen.
{4} Die Blätter jeweils seitlich einschlagen
und aufrollen. Mit Rouladennadeln feststecken oder mit Küchengarn umwickeln.
{5} Jeweils etwas Speiseöl in einem breiten
Topf erhitzen. Die Krautwickel darin
portionsweise von allen Seiten anbraten und
herausnehmen. Das Bratfett entfernen.

{6} Die Krautwickel in den Topf schichten.
Mit Salz und Kümmel bestreuen. Brühe
hinzugießen, zum Kochen bringen und
zugedeckt etwa 45 Minuten bei schwacher
Hitze kochen lassen. Die Krautwickel aus
der Brühe nehmen, auf eine Servierplatte
legen und evtl. warm stellen. Von der Brühe
750 ml (¾ l) abmessen.
{7} Für die Sauce Zwiebeln abziehen und in
kleine Würfel schneiden. Butter in einem
Topf zerlassen. Zwiebelwürfel darin glasig
dünsten. Schinkenwürfel hinzugeben und
mit anbraten. Mehl darüberstäuben und
unterrühren. Den Topf von der Kochstelle
nehmen. Sahne unterrühren. Brühe hinzugießen und glatt rühren. Den Topf wieder
auf die Kochstelle stellen. Die Sauce unter
Rühren aufkochen lassen.
{8} Petersilie abspülen und trocken tupfen.
Die Blättchen von den Stängeln zupfen.
Blättchen klein schneiden. 1 Esslöffel zum
Bestreuen beiseitelegen. Restliche Petersilie unter die Sauce rühren. Die Sauce mit
Sojasauce, Salz, Pfeffer und Zucker würzen.
{9} Die Krautwickel mit der Sauce
anrichten. Mit der beiseitegelegten
Petersilie bestreuen.

BEILAGE: Salzkartoffeln.

TIPPS: Die Krautwickel können Sie 1–2 Tage
vor dem Verzehr zubereiten. Dazu die
Krautwickel im Topf und die Sauce separat
kalt stellen. Vor dem Servieren 200 ml
Gemüsebrühe auf den Krautwickeln
verteilen und bei mittlerer Temperatur
erhitzen. Die Schinken-Kräuter-Sauce
einmal aufkochen lassen und zu den
Krautwickeln servieren.

Zubereitungszeit: 90 Minuten
Garzeit: Krautwickel etwa 45 Minuten
Pro Portion: E: 21 g, F: 26 g, Kh: 8 g, kJ: 1464, kcal: 350, BE: 0,5

KLASSISCH

Schweinekrusten-braten in Biersauce

im Foto hinten

Zutaten für 10 Portionen:
4 kg Schweinekrustenbraten (Schinkenbra-
ten aus der Unterschale), Salz, Pfeffer, 1 Bund
Suppengrün (Sellerie, Möhren, Porree), 3 Zweige
Rosmarin, 2 Lorbeerblätter, 1 Gewürznelke,
2,1 l helles Bier, 400 ml Gemüsebrühe, Zucker

{1} Schweinebraten mit Küchenpapier
trocken tupfen, mit der Schwartenseite
nach unten etwa 1 Stunde in den Gefrierschrank legen, bis die Schwarte leicht
angefroren ist.
{2} Den Backofen vorheizen. Ober-/Unter-
hitze: etwa 160 °C.
{3} Schweinebraten aus dem Gefrierschrank
nehmen. Schwarte mit einem scharfen
Messer rautenförmig einschneiden. Schweinebraten mit der Schwartenseite nach unten
in einen Bräter legen. Den Schweinebraten
mit Salz und Pfeffer leicht einreiben.
{4} Sellerie und Möhren putzen, schälen,
abspülen, abtropfen lassen und würfeln.
Porree putzen, die Stange längs halbieren,
gründlich waschen, abtropfen, in Stücke
schneiden. Rosmarin abspülen und trocken
tupfen. Suppengrün, Rosmarin, Lorbeerblätter und Gewürznelke dem Bräter verteilen. Bier und Brühe hinzugießen.
{5} Den Bräter auf dem Rost in den vorgeheizten Backofen (untere Einschubleiste)
schieben. Den Schweinebraten etwa 90
Minuten garen. Den Schweinebraten umdrehen und die Backtemperatur auf Ober-/
Unterhitze: etwa 180 °C heraufschalten. Den
Schweinebraten weitere etwa 70 Minuten
garen. Evtl. etwas Wasser nachgießen.
Sollte die Kruste zu dunkel werden, Backofentemperatur etwas herunterschalten.
{6} Den Schweinebraten aus dem Bräter
nehmen, auf eine Platte legen und im
heißen Backofen (Ober-/Unterhitze etwa
100 °C) warm halten.
{7} Den Bratenfond mit dem Gemüse in
einen Topf geben, aufkochen lassen und
pürieren. Die Sauce durch ein Sieb gießen,
dabei das Gemüse etwas ausdrücken. Mit
Salz, Pfeffer und Zucker abschmecken.
{8} Den Braten in Scheiben schneiden und
mit der Sauce servieren.

Zubereitungszeit: 30 Minuten
Garzeit: etwa 2 Stunden 40 Minuten
Pro Portion: E: 81 g, F: 44 g, Kh: 6 g, kJ: 3303, kcal: 818, BE: 0,5

ETWAS BESONDERES

Häppchen-Kultur

Neudeutsch Fingerfood. Hier wird gesnackt.
Kleine Häppchen für den großen Hunger: Gefüllte Eier und Minitomaten,
kleine Quiches und Tarteletts, kleine Salate im Becher, Wraps und Börek,
Brothäppchen mit vielerlei Belag und Leckereien vom Löffel.

Mini-Tomaten-Quiche

Zutaten für 70 Stück:
Für den Hefeteig:
250 g Weizenmehl, 1 Pck. Dr. Oetker Trockenbackhefe, 300 ml warmes Wasser, 1 TL Zucker, 2 EL Speiseöl, 1 ½ gestr. TL Salz, 50 g Weizenmehl zum Bestäuben

Für den Belag:
1 kg Zwiebeln, 320 g getrocknete Tomaten in Öl (aus dem Glas), Salz, frisch gemahlener Pfeffer, 50 g Schinkenwürfel, 500 g Cocktailtomaten, 300 ml Milch, 300 g Schlagsahne, 4 Eier (Größe L), 1 TL frisch geriebene Muskatnuss

{1} Für den Teig Mehl in einer Rührschüssel mit Trockenbackhefe sorgfältig vermischen. Restliche Zutaten hinzufügen, mit Handrührgerät mit Knethaken auf höchster Stufe in etwa 5 Minuten zu einem glatten Teig verarbeiten. Teig zugedeckt etwa 60 Minuten an einem warmen Ort gehen lassen.

{2} Teig mit Mehl bestäuben und auf einer bemehlten Arbeitsfläche nochmals kurz durchkneten. Teig auf einem tiefen Backblech (30 x 40 cm, gefettet, mit Backpapier belegt) ausrollen, dabei einen etwa 1 cm hohen Rand andrücken. Den Teig nochmals zugedeckt etwa 30 Minuten an einem warmen Ort gehen lassen.

{3} Für den Belag Zwiebeln abziehen, klein würfeln. Tomaten abtropfen lassen, dabei das Öl auffangen. 4 Esslöffel des Öls in einer Pfanne erhitzen. Zwiebelwürfel darin unter Rühren glasig dünsten, herausnehmen. Getrocknete Tomaten fein hacken, mit den Zwiebelwürfeln vermischen. Mit Salz und Pfeffer abschmecken.

{4} Den Backofen vorheizen. Ober-/Unterhitze: etwa 180 °C, Heißluft: etwa 160 °C.

{5} Zwiebel-Tomaten-Masse gleichmäßig auf den Teig verteilen. Eine Teighälfte mit Schinkenwürfeln bestreuen. Tomaten abspülen, trocken tupfen, Stängelansätze entfernen. Tomaten gleichmäßig auf der zweiten Teighälfte verteilen.

{6} Milch mit Sahne, Eiern, Muskat, Salz und Pfeffer verschlagen. Eier-Sahne-Milch gleichmäßig auf den Belag verteilen. Backblech in den vorgeheizten Backofen schieben. Quiche etwa 40 Minuten backen.

{7} Tomaten-Quiche in etwa 4 x 4 cm große Quadrate schneiden.

Zubereitungszeit: 45 Minuten, ohne Teiggehzeit
Backzeit: etwa 40 Minuten
Pro Stück: E: 2 g, F: 3 g, Kh: 5 g, kJ: 246, kcal: 59, BE: 0,5

FÜR KINDER

Gefüllte Eier

Zutaten für 20 Hälften:
10 hart gekochte Eier (Größe L), 200 g Mascarpone (ital. Frischkäse), 1 TL mittelscharfer Senf, Salz, frisch gemahlener Pfeffer

Für die Tapenade:
1 Knoblauchzehe, 75 g schwarze, entsteinte Oliven, 3 EL Olivenöl

Außerdem:
2 EL Kapern, 2 EL Lachskaviar, 60 g Sardellen in Öl

{1} Eier pellen und waagerecht durchschneiden. Auf der Unterseite der Eierhälften je eine dünne Scheibe abschneiden, damit sie nicht kippen. Eigelb herauslösen und durch ein Sieb streichen, mit Mascarpone, Senf, Salz und Pfeffer verrühren. Eigelbcreme in einen Spritzbeutel mit Sterntülle (Ø 14 mm) füllen. Eigelbcreme in die Eierhälften spritzen.

{2} Für die Tapenade Knoblauch abziehen. Oliven und Knoblauch in einen Blitzhacker geben. Olivenöl nach und nach hinzugießen, fein pürieren. Gefüllte Eier mit Tapenade, abgetropften Kapern, Lachskaviar und abgetropften Sardellen garnieren.

Zubereitungszeit: 30 Minuten
Pro Ei: E: 10 g, F: 21 g, Kh: 2 g, kJ: 986, kcal: 235, BE: 0,0

PIKANT

Tarteletts

Zutaten für 24 Stück:
Für den Knetteig:
150 g Weizenmehl, 1 gestr. TL Salz, 125 g Butter oder Margarine, 1 EL kaltes Wasser

Für die Kräutercreme:
1 Bund Basilikum, je 1 kleines Bund Petersilie und Dill, 300 g Doppelrahm-Frischkäse, 2 EL Schlagsahne, 3 EL Zitronensaft, Salz, frisch gemahlener Pfeffer, 100 g Forellenkaviar

{1} Den Backofen vorheizen. Ober-/Unterhitze: etwa 200 °C, Heißluft: etwa 180 °C

{2} Für den Teig Mehl in eine Rührschüssel geben. Salz, Butter oder Margarine und Wasser hinzufügen. Zutaten mit Handrührgerät mit Knethaken auf höchster Stufe gut durcharbeiten. Auf einer bemehlten Arbeitsfläche zu einem glatten Teig verkneten, zu einem Rechteck (etwa 30 x 40 cm) ausrollen. 24 runde Platten (Ø etwa 6 cm) ausstechen

und in die Mulden einer Mini-Muffinform (für 24 Muffins, mit Butter gefettet, gemehlt) legen, dabei den Rand andrücken. Form auf dem Rost in den vorgeheizten Backofen schieben. Tarteletts etwa 15 Minuten backen.

{3} Form auf einen Kuchenrost stellen. Muffins erkalten lassen, aus der Form lösen.

{4} Für die Kräutercreme Kräuter abspülen, trocken tupfen. Blättchen bzw. Spitzen von den Stängeln zupfen und klein schneiden. Frischkäse mit Sahne und Zitronensaft geschmeidig rühren. Kräuter, Salz und Pfeffer unterrühren. Creme in einen Spritzbeutel mit Sterntülle (Ø 11 mm) füllen und in die Tarteletts spritzen.

{5} Die Tarteletts kurz vor dem Servieren mit Forellenkaviar garnieren.

Zubereitungszeit: 25 Minuten, ohne Abkühlzeit
Pro Stück: E: 3 g, F: 9 g, Kh: 6 g, kJ: 494, kcal: 118, BE: 0,5

ETWAS BESONDERES

Mini-Tomaten
mit Tunfischcreme und Knoblauchmayonnaise gefüllt

Zutaten für 30 Stück:
30 kleine Cocktailtomaten (etwa 500 g)

Für die Knoblauchmayonnaise:
2 Knoblauchzehen, 3 EL Delikatessmayonnaise, 1 EL Zitronensaft, Salz, frisch gemahlener Pfeffer

Für die Tunfischcreme:
140 g abgetropfter Tunfisch (aus der Dose), 1 EL Delikatessmayonnaise, 1 EL Crème fraîche, 1 EL Zitronensaft, 1 TL Chiliflocken

{1} Tomaten abspülen, trocken tupfen und jeweils einen Deckel abschneiden. Tomaten vorsichtig mit einem Teelöffel aushöhlen.

{2} Für die Knoblauchmayonnaise Knoblauch abziehen und sehr klein schneiden. Mayonnaise mit Knoblauch, Zitronensaft, Salz und Pfeffer verrühren. Mayonnaise in einen Spritzbeutel mit Lochtülle (Ø 10 mm) füllen. Die Creme in 15 Tomaten spritzen.

{3} Für die Tunfischcreme Tunfisch abtropfen lassen. Mit Mayonnaise, Crème fraîche, Zitronensaft und Chili in einen Rührbecher geben, fein pürieren. Mit Salz und Pfeffer würzen. Creme mit einem Teelöffel in die restlichen Tomaten geben. Tomatendeckel wieder auflegen. Tomaten gekühlt servieren.

Zubereitungszeit: 30 Minuten
Pro Stück: E: 1 g, F: 4 g, Kh: 1 g, kJ: 167, kcal: 40, BE: 0,0

KLASSISCH

Gurkentatar
mit Räucherforelle und Dill im Foto vorne

Zutaten für 10 Becher:
1 Salatgurke, 2 Forellenfilets (je etwa 125 g),
Salz, frisch gemahlener Pfeffer, 1 Bund Dill,
250 g Joghurt (3,5 % Fett), 3 EL Zitronensaft,
1 EL geriebener Meerrettich
Außerdem:
10 Becher (je 200 ml Inhalt)

{1} Die Gurke schälen und längs halbieren.
Die Kerne mit einem Löffel herausschaben.
Gurkenhälften in kleine Würfel schneiden
und in eine Schüssel geben. Forellenfilets
in Würfel schneiden und mit den Gurken-
würfeln vermischen. Mit Salz und Pfeffer
abschmecken.
{2} Dill abspülen und trocken tupfen. Die
Spitzen von den Stängeln zupfen. 10 Dillspitzen zum Garnieren beiseitelegen.
Restliche Spitzen klein schneiden. Joghurt
mit Zitronensaft und Meerrettich in einer
Schüssel verrühren. Dill unterrühren. Mit
Salz und Pfeffer abschmecken. Die Sauce
in den Bechern verteilen. Den Gurken-
Forellen-Salat daraufgeben. Mit den beiseitegelegten Dillspitzen garnieren. Die
Becher bis zum Servieren kalt stellen.

Zubereitungszeit: 20 Minuten
Pro Becher: E: 7 g, F: 2 g, Kh: 2 g, kJ: 223, kcal: 53, BE: 0,0

ETWAS BESONDERES

Kleiner Wurstsalat
mit Mais und Schnittlauch-Vinaigrette im Foto rechts

Zutaten für 10 Becher:
Für den Wurstsalat:
4 Wiener Würstchen, 1 Salatgurke, 1 Dose Ge-
müsemais (Abtropfgewicht 285 g), Salz, frisch
gemahlener Pfeffer
Für die Vinaigrette:
1 Schalotte, 1 Bund Schnittlauch, 1 EL Rotweinessig, 1 TL mittelscharfer Senf, 3 EL Olivenöl, Zucker
Außerdem:
10 Becher (je 200 ml Inhalt)

{1} Für den Salat Würstchen in Scheiben
schneiden. Die Salatgurke schälen und
längs halbieren. Die Kerne mit einem Löffel
herausschaben. Gurkenhälften in kleine
Würfel schneiden. Mais in einem Sieb

abtropfen lassen. Gurkenwürfel und Mais in
einer Schüssel vermischen. Mit Salz und
Pfeffer würzen.
{2} Für die Vinaigrette Schalotte abziehen
und klein würfeln. Schnittlauch abspülen,
trocken tupfen (einige Schnittlauchhalme
zum Garnieren beiseitelegen) und in feine
Röllchen schneiden. Rotweinessig und Senf
in einer Schüssel verrühren. Olivenöl unterschlagen. Schalottenwürfel und Schnittlauchröllchen unterrühren. Mit Salz, Pfeffer
und 1 Prise Zucker würzen. Die Sauce unter
die Salatzutaten rühren. Den Salat 1–2
Stunden marinieren.
{3} Den Salat in den Bechern verteilen. Mit
den beiseitegelegten Schnittlauchhalmen
garnieren und gekühlt servieren.

Zubereitungszeit: 45 Minuten, ohne Marinierzeit
Pro Becher: E: 4 g, F: 9 g, Kh: 5 g, kJ: 486, kcal: 116, BE: 0,5

FÜR KINDER

Linsensalat
in Orangendressing mit Garnelen im Foto hinten

Zutaten für 10 Becher:
200 g rote Linsen, Salz, 400 g TK-Cocktail-
Shrimps (gekocht, geschält, glasiert), 1 Bund
Koriander
Für die Marinade:
2 Bio-Orangen (unbehandelt, ungewachst),
1 Knoblauchzehe, 2 EL Weißweinessig,
4 EL Olivenöl, frisch gemahlener Pfeffer
Außerdem:
10 Becher (je 200 ml Inhalt)

{1} Wasser in einem Topf zum Kochen
bringen. Die Linsen hinzugeben und etwa
2 Minuten kochen lassen. Linsen in ein
Sieb geben, mit kaltem Wasser abspülen
und abtropfen lassen. Linsen in eine
Schüssel geben, mit Salz würzen.
{2} Die Shrimps nach Packungsanleitung
auftauen lassen. Shrimps unter fließendem
kalten Wasser abspülen und trocken tupfen.
Shrimps zu den Linsen in die Schüssel
geben. Koriander abspülen und trocken
tupfen. Die Blättchen von den Stängeln
zupfen.
{3} Für die Marinade Orangen heiß abwaschen, abtrocknen und die Schale abreiben.
Orangen halbieren und den Saft auspressen.
Orangenschale und -saft in eine Schüssel
geben. Knoblauch abziehen, fein hacken
und hinzugeben. Essig unterrühren.

Olivenöl unterschlagen. Die Marinade mit
Salz und Pfeffer würzen.
{4} Die Marinade unter den Linsen-
Shrimps-Salat rühren. Den Salat mit Salz
würzen und kalt stellen.
{5} Die Korianderblättchen kurz vor dem
Servieren unter den Salat heben. Den Salat
in den Bechern verteilen und kalt servieren.

Zubereitungszeit: 35 Minuten
Pro Becher: E: 11 g, F: 5 g, Kh: 14 g, kJ: 591, kcal: 141, BE: 1,0

ETWAS TEURER

Scharfe Chili-Hähnchen-Würfel
mit Ananas im Foto links

Zutaten für 10 Becher:
1 kg frische Ananas, 2 Hähnchenbrustfilets (je
etwa 120 g), 3 rote Chilischoten, 3 EL Speiseöl,
1 EL brauner Zucker, 3 EL japanische Sojasauce,
Salz, 4 Frühlingszwiebeln
Außerdem:
10 Becher (je 200 ml Inhalt)

{1} Von der Ananas Blatt- und Strunkende
entfernen. Ananas halbieren und den
Strunk herausschneiden. Ananashälften
schälen und in kleine Würfel schneiden.
{2} Hähnchenbrustfilets unter fließendem
kalten Wasser abspülen, trocken tupfen und
in kleine Würfel schneiden. Chilischoten
abspülen, trocken tupfen und fein würfeln.
{3} Speiseöl in einer Pfanne erhitzen. Die
Hähnchenwürfel darin von allen Seiten
anbraten. Chiliwürfel unterrühren und kurz
mit anbraten. Braunen Zucker und Sojasauce unterrühren. Die Hähnchenwürfel mit
Salz abschmecken, aus der Pfanne nehmen
und abkühlen lassen.
{4} Die Frühlingszwiebeln putzen, waschen,
abtropfen lassen und in feine Scheiben
schneiden. Frühlingszwiebelscheiben und
Ananaswürfel mit den Hähnchenwürfeln
vermischen.
{5} Den Salat in Bechern verteilen und
gekühlt servieren.

Zubereitungszeit: 50 Minuten
Pro Becher: E: 6 g, F: 3 g, Kh: 10 g, kJ: 407, kcal: 97, BE: 0,5

SEHR FRUCHTIG

Pikante Biskuitroulade

Zutaten für etwa 24 Scheiben:
Für den Biskuitteig:
75 g Butter, 75 g Weizenmehl, 300 ml Milch, Salz, geriebene Muskatnuss, 1 Bund Schnittlauch, 5 Eier (Größe M)
Für die Paprikafüllung:
2 rote Paprikaschoten, 2 EL Speiseöl, 1 Knoblauchzehe, 400 g Doppelrahm-Frischkäse, 125 g Crème fraîche, Salz, frisch gemahlener Pfeffer
Für die Kräuterfüllung:
je 1 Bund Schnittlauch und glatte Petersilie, 1 kleines Bund Frühlingszwiebeln, 400 g Doppelrahm-Frischkäse

{1} Den Backofen vorheizen. Ober-/Unterhitze: etwa 180 °C, Heißluft: etwa 160 °C.
{2} Für den Teig Butter zerlassen. 50 g des Mehls mit einem Schneebesen unterrühren. Milch hinzugießen, unter Rühren einmal aufkochen lassen. Mit Salz und Muskat würzen. Schnittlauch abspülen, trocken tupfen, in Röllchen schneiden. Eier trennen. Schnittlauchröllchen mit dem Eigelb unter den Teig rühren.
{3} Eiweiß steif schlagen, portionsweise mit restlichem Mehl unter den Teig heben. Teig auf ein Backblech (30 x 40 cm, mit Backpapier belegt) geben, glatt streichen. Blech in den vorgeheizten Backofen schieben, Biskuit etwa 15 Minuten backen.
{4} Biskuitplatte vom Rand lösen und auf Backpapier stürzen. Mitgebackenes Backpapier mit kaltem Wasser bestreichen und vorsichtig abziehen. Biskuitplatte aufrollen und erkalten lassen.
{5} Für die Paprikafüllung Paprika mit einem Sparschäler dünn abschälen. Paprika halbieren, entstielen, entkernen, weiße Scheidewände entfernen. Schoten abspülen, abtropfen lassen, in Stücke schneiden. Öl in einem Topf erhitzen. Paprika darin weich dünsten. Mit Salz würzen. Knoblauch abziehen, klein schneiden. Paprika und Knoblauch fein pürieren. Frischkäse, Creme fraîche, Salz und Pfeffer unterrühren. Biskuitrolle auseinanderrollen. Creme längs auf eine Hälfte der Biskuitplatte streichen.
{6} Für die Kräuterfüllung Kräuter abspülen, trocken tupfen. Schnittlauch in Röllchen schneiden. Petersilienblättchen von den Stängeln zupfen, klein schneiden. Frühlingszwiebeln putzen, waschen, abtropfen lassen, klein schneiden. Zutaten mit Frischkäse, Salz und Pfeffer verrühren. Creme auf die zweite Hälfte der Biskuitplatte streichen. Platte wieder aufrollen, 1 Stunde kalt stellen.

{7} Biskuitrolle mit einem Elektromesser in 24 Scheiben schneiden und anrichten.

Zubereitungszeit: 70 Minuten, ohne Kühlzeit
Backzeit: etwa 15 Minuten
Pro Scheibe: E: 6 g, F: 17 g, Kh: 6 g, kJ: 850, kcal: 203, BE: 0,5

Zweierlei Wraps

Zutaten für 10 Hähnchenwraps:
Für die Hähnchenfüllung:
2 kleine Hähnchenbrustfilets (je etwa 140 g), Salz, 200 g Staudensellerie, 1 Dose Mandarinen (Abtropfgewicht 175 g)
Für die Currysauce:
3 EL Salatmayonnaise, 2 EL Joghurt (3,5 % Fett), 1 TL Currypulver, ½ TL Kurkuma, Saft von 1 Limette, Salz, 1 Prise Zucker
Zutaten für 10 Gemüsewraps:
Für die Gemüsefüllung:
1 kleiner Kopf Lollo bionda, 20 kleine Strauchtomaten, 1 Dose Mais (Abtropfgewicht 285 g), 10 Stängel Koriander
Für die Käsesauce:
3 EL Salatmayonnaise, 100 g Doppelrahm-Frischkäse, 100 g Gorgonzola (Blauschimmel-Käse), 50 g fein geriebener Bergkäse, 1 TL Paprikapulver rosenscharf, Salz, frisch gemahlener Pfeffer
Für beide Wraps:
10 Tortillafladen, 10 Pergamentpapierstreifen

{1} Für die Hähnchenfüllung Filets unter fließendem kalten Wasser abspülen, trocken tupfen, in einen Topf geben. Etwas Wasser und Salz hinzugeben. Filets zum Kochen bringen, zugedeckt etwa 5 Minuten gar ziehen lassen. Filets im Sud erkalten lassen, herausnehmen und in Scheiben schneiden.
{2} Sellerie putzen, harte Außenfäden abziehen, Stangen abspülen, abtropfen lassen, in etwa 10 cm lange Stücke, dann in Streifen schneiden. Mandarinen abtropfen lassen.
{3} Für die Sauce Mayonnaise mit Joghurt verrühren. Mit Curry, Kurkuma, Limettensaft, Salz und Zucker abschmecken.
{4} 5 Tortillafladen nebeneinander auf eine Arbeitsfläche legen. Currysauce darauf verstreichen. Fleischscheiben, Selleriestreifen und Mandarinen darauf verteilen, dabei die Seiten frei lassen. Tortilla fest aufrollen, in Frischhaltefolie stramm einwickeln und etwa 20 Minuten durchziehen lassen.
{5} Für die Gemüsefüllung Salat putzen, abspülen, abtropfen lassen. Blätter kleiner zupfen. Tomaten abspülen, abtropfen lassen, vierteln und die Stängelansätze herausschneiden. Mais abtropfen lassen. Koriander abspülen, trocken tupfen und kleiner zupfen.
{6} Für die Käsesauce Zutaten gut verrühren, mit Salz abschmecken.
{7} 5 Tortillafladen nebeneinander auf eine Arbeitsfläche legen. Sauce darauf verstreichen, dabei die Seiten frei lassen. Salatblätter darauf verteilen. Mit Tomatenvierteln und Mais belegen. Koriander daraufstreuen. Tortilla fest aufrollen, in Frischhaltefolie stramm einwickeln und etwa 20 Minuten durchziehen lassen.
{8} Frischhaltefolie entfernen. Pergamentpapierstreifen jeweils um die Wraps wickeln. Jeden Wrap einmal schräg durchschneiden, in Gläser setzen und gekühlt servieren.

Zubereitungszeit: 25 Minuten, ohne Durchziehzeit
Pro Hähnchenportion: E: 9 g, F: 6 g, Kh: 16 g, kJ: 635, kcal: 152, BE: 1,5
Pro Gemüseportion: E: 8 g, F: 14 g, Kh: 17 g, kJ: 936, kcal: 224, BE: 1,5

Börek mit Joghurt

Zutaten für etwa 20 Stück:
500 g runde Yufkablätter (erhältlich in türkischen Lebensmittelläden), 1 Bund Basilikum, 450 g Schafkäse, frisch gemahlener Pfeffer, 1 Ei (Größe M)
Für den Minzejoghurt:
1 Bund Minze, 1 kg Süzmejoghurt (besonders cremiger türkischer Joghurt), Salz, 1 l Pflanzenöl

{1} Yufkablätter auseinanderfalten und mit je einem feuchten Geschirrtuch belegen. Die Teigblätter in etwa 20 Quadrate (etwa 18 x 18 cm) schneiden.
{2} Basilikum abspülen und trocken tupfen. Die Blättchen von den Stängeln zupfen, in Streifen schneiden. Schafkäse zerbröseln und als Streifen in die Mitte der Teigquadrate streuen. Oberen und unteren Rand frei lassen. Basilikum darauf verteilen. Mit Pfeffer würzen. Ei verschlagen. Die Teigränder damit bestreichen und auf die Füllung legen. Yufkablätter aufrollen.
{3} Minze abspülen und trocken tupfen. Blättchen von den Stängeln zupfen, klein schneiden. Joghurt mit Minze verrühren. Mit Salz und Pfeffer würzen.
{4} Pflanzenöl in einem breiten Topf auf etwa 180 °C erhitzen. Röllchen darin portionsweise 3–4 Minuten kross backen. Mit einer Schaumkelle herausnehmen und auf Küchenpapier abtropfen lassen. Börek mit dem Minzejoghurt warm servieren.

Zubereitungszeit: 60 Minuten
Pro Becher: E: 8 g, F: 13 g, Kh: 17 g, kJ: 919, kcal: 219, BE: 1,5

RAFFINIERT

Asiatischer Garnelen-Seam-Toast

im Foto oben rechts

Zutaten für 20 Stück:
3 Frühlingszwiebeln, 1 Knoblauchzehe, 200 g Cocktail-Shrimps (gekocht, geschält, glasiert), 3 EL Sesamöl, 3 EL Sojasauce, 3 EL Limettensaft, Salz, 10 Scheiben Toastbrot, 750 ml (¾ l) Speiseöl, 4 Eiweiß (Größe M), 3 EL kaltes Wasser, 200 g schwarze Sesamsamen (erhältlich im Asialaden), 200 g geschälte, weiße Sesamsamen

{1} Frühlingszwiebeln putzen, waschen, abtropfen lassen und in feine Scheiben schneiden. Knoblauch abziehen und sehr klein schneiden. Die Shrimps unter fließendem kalten Wasser abspülen, trocken tupfen, im Blitzhacker zerkleinern oder mit einem Messer fein hacken.
{2} Frühlingszwiebelscheiben, Knoblauch und Shrimps in eine Schüssel geben. Sesamöl, Sojasauce und Limettensaft gut untermischen. Mit Salz würzen.
{3} Toastbrotscheiben entrinden. Die Shrimpsmasse auf 5 Toastbrotscheiben verteilen und glatt streichen. Mit je einer zweiten Toastbrotscheibe belegen und fest andrücken. Die Toastbrotscheiben zuerst diagonal halbieren, dann nochmals halbieren, sodass 20 Dreiecke entstehen.
{4} Speiseöl in einem breiten Topf oder in einer Fritteuse auf etwa 180 °C erhitzen. Eiweiß mit Wasser in einem tiefen Teller verschlagen. Schwarze und weiße Sesamsamen in je einen flachen Teller geben.
{5} Die Seiten der Brotdreiecke in Eiweiß tauchen und abwechselnd in schwarzen und weißen Sesamsamen drücken.
{6} Die Brotdreiecke nacheinander in dem erhitzten Speiseöl von jeder Seite etwa 1 Minute frittieren.
{7} Die Brotdreiecke mit einer Schaumkelle herausnehmen, auf Küchenpapier abtropfen lassen und auf einer Platte anrichten. Sofort servieren.

Zubereitungszeit: 60 Minuten
Pro Stück: E: 6 g; F: 13 g; Kh: 7 g; kJ: 699; kcal: 167, BE: 0,5

ETWAS BESONDERES

Brot mit Schafkäse,

Cocktailtomaten und Basilikum im Foto vorne links

Zutaten für 24 Stück:
6 Scheiben Weißbrot, 3 EL Olivenöl, Salz, 8 Cocktailtomaten, 4 Stängel Basilikum, 600 g Schafkäse

{1} Weißbrotscheiben jeweils in etwa 4 x 4 cm große Stücke schneiden. Jeweils etwas Olivenöl in einer Pfanne erhitzen. Die Weißbrotstücke darin portionsweise von beiden Seiten anbraten, herausnehmen, salzen und auf Küchenpapier abtropfen lassen.
{2} Tomaten abspülen, trocken tupfen und die Stängelansätze herausschneiden. Tomaten in gleich große Scheiben schneiden. Basilikum abspülen und trocken tupfen. 24 kleine Blättchen von den Stängeln zupfen.
{3} Den Schafkäse zerbröseln und auf den Weißbrotstücken verteilen. Mit je 1 Tomatenscheibe und 1 Basilikumblättchen belegen.

Zubereitungszeit: 40 Minuten
Pro Stück: E: 5 g; F: 6 g; Kh: 3 g; kJ: 358; kcal: 85; BE: 0,5

EINFACH

Brotwürfel mit Paprikabutter,

Petersilie, Mandeloliven und Chorizo

im Foto vorne rechts

Zutaten für 24 Stück:
je 1 rote und gelbe Paprikaschote, 1 EL Olivenöl, Salz, frisch gemahlener Pfeffer, 100 g weiche Butter, 1 TL Paprikapulver rosenscharf, 6 Scheiben Weißbrot oder Toastbrot, 150 g entsteinte, grüne Oliven, 50 g abgezogene, kleine Mandeln, 24 Scheiben Chorizo (spanische Paprikasalami)

{1} Die Paprikaschoten mit einem Sparschäler dünn schälen. Paprikaschoten halbieren, entstielen, entkernen und die weißen Scheidewände entfernen. Schotenhälften abspülen, abtropfen lassen und in kleine Würfel schneiden.
{2} Olivenöl in einer Pfanne erhitzen. Paprikawürfel darin bei mittlerer Hitze unter Rühren weich dünsten. Mit Salz und Pfeffer würzen. Paprikawürfel herausnehmen und erkalten lassen.

{3} Butter und Paprikapulver mit einem Schneebesen schaumig rühren. Die Paprikawürfel unterrühren. Mit Salz und Pfeffer würzen.
{4} Die Brotscheiben entrinden und in etwa 5 x 5 cm große Stücke schneiden. Die Paprikabutter daraufstreichen. Oliven abtropfen lassen und jeweils 1 Mandel hineinstecken. Die Oliven in je 1 Scheibe Chorizo einwickeln und auf die mit Paprikabutter bestrichenen Brotstücke legen.

Zubereitungszeit: 45 Minuten, ohne Abkühlzeit
Pro Stück: E: 2 g; F: 4 g; Kh: 4 g; kJ: 369; kcal: 88, BE: 0,2

RAFFINIERT

Bruschetta

mit Tomaten und Basilikum im Foto hinten links

Zutaten für 24 Scheiben:
6 reife Tomaten, 1 Bund Basilikum, grobes Meersalz, 50 ml Olivenöl, 2 Ciabattabrote (je etwa 300 g)

{1} Tomaten abspülen, trocken tupfen, halbieren und die Stängelansätze herausschneiden. Tomatenhälften entkernen und in schmale Streifen schneiden. Basilikum abspülen und trocken tupfen. Die Blättchen von den Stängeln zupfen. Blättchen in Streifen schneiden.
{2} Tomaten- und Basilikumstreifen in einer Schüssel vermischen. Mit Meersalz würzen. 4 Esslöffel des Olivenöls unter die Tomaten-Basilikum-Mischung heben.
{3} Die Ciabattabrote in 24 Scheiben schneiden. Jeweils 3 Esslöffel des restlichen Olivenöls in einer großen Pfanne erhitzen. Die Brotscheiben darin portionsweise von jeder Seite anbraten, herausnehmen und leicht mit Meersalz bestreuen. Die Brotscheiben auf einer Servierplatte anrichten.
{4} Die Tomaten-Basilikum-Mischung darauf verteilen. Bruschetta etwas stehen lassen, bis der Tomatensaft die Brotscheiben durchtränkt hat. Dann Bruschetta servieren.

Zubereitungszeit: 40 Minuten
Pro Scheibe: E: 2 g; F: 2 g; Kh: 13 g; kJ: 337; kcal: 80, BE: 1,0

KLASSISCH

Asiatische Hackbällchen

im Foto hinten

Zutaten für etwa 30 Löffelportionen:
400 g Schweinehackfleisch, 4 EL salzige Sojasauce, 60 g Ingwer, 2 Knoblauchzehen, 1 kleines
Bund Frühlingszwiebeln, 1 rote Chilischote,
1 kleines Bund Koriander, Salz, 4 EL Speiseöl,
etwa 100 ml Sweet-Chili-Sauce
Außerdem: etwa 30 Esslöffel

{1} Das Hackfleisch mit der Sojasauce in
eine Rührschüssel geben. Ingwer schälen
und in kleine Würfel schneiden. Knoblauch
abziehen, ebenfalls klein würfeln. Frühlingszwiebeln putzen, waschen, abtropfen
lassen und in sehr kleine Stücke schneiden. Chilischote abspülen, trocken tupfen
und fein hacken. Koriander abspülen und
trocken tupfen. Die Blättchen von den
Stängeln zupfen. Etwa 30 Blättchen zum
Garnieren beiseitelegen. Restliche
Blättchen klein schneiden.
{2} Die vorbereiteten Zutaten zum Hackfleisch geben und gut unterkneten. Mit Salz
würzen. Die Hackfleischmasse mit angefeuchteten Händen zu 30 kleinen Bällchen
formen.
{3} Jeweils etwas Speiseöl in einer großen
Pfanne erhitzen. Die Hackbällchen darin
portionsweise von allen Seiten 2–3 Minuten
anbraten. Bällchen herausnehmen, auf
Küchenpapier legen und abtropfen lassen.
{4} Die Löffel auf ein Tablett legen. Die
Chilisauce auf den Löffeln verteilen und
jeweils 1 Hackbällchen darauflegen. Mit je
einem Korianderblättchen garnieren.

Zubereitungszeit: 45 Minuten
Pro Portion: E: 3 g, F: 3 g, Kh: 2 g, kJ: 211, kcal: 51, BE: 0,1

EINFACH

Couscous-Möhren-Salat

mit Zitronendressing im Foto vorne Mitte

Zutaten für etwa 30 Löffelportionen:
250 g Instant-Couscous, 2 EL Olivenöl, 200 g
Möhren, 1 Bio-Zitrone (unbehandelt, ungewachst),
1 EL flüssiger Honig, Salz
Außerdem: etwa 30 Esslöffel

{1} Couscous nach Packungsanleitung
zubereiten und erkalten lassen. Olivenöl
unter die Couscousmasse rühren.
{2} Möhren putzen, schälen, abspülen,
abtropfen lassen und auf einem Gemüsehobel in feine Scheiben hobeln. Zitrone heiß
abwaschen, abtrocknen und die Schale fein
abreiben. Zitrone halbieren und den Saft
auspressen.
{3} Die Möhrenscheiben unter die Couscousmasse mischen. Zitronenschale und -saft
mit Honig verrühren und unter den Salat
rühren. Mit Salz würzen.
{4} Die Löffel auf ein Tablett legen und den
Salat darauf verteilen.

Zubereitungszeit: 35 Minuten
Pro Portion: E: 1 g, F: 1 g, Kh: 6 g, kJ: 159, kcal: 38, BE: 0,5

RAFFINIERT

Grüner Spargelsalat

mit Parmesan-Käse im Foto links

Zutaten für etwa 30 Löffelportionen:
500 g grüner Spargel, Salzwasser, 1 Schalotte,
2 EL weißer Balsamico-Essig, 2 EL Olivenöl,
Salz, frisch gemahlener Pfeffer, Zucker,
50 g Parmesan-Käse, 3–4 Stängel Petersilie
Außerdem: etwa 30 Esslöffel

{1} Von dem Spargel das untere Drittel
schälen und die Enden abschneiden.
Spargel abspülen, abtropfen lassen und in
kleine Stücke schneiden. Salzwasser in
einem Topf zum Kochen bringen. Die
Spargelstücke darin etwa 1 Minute kochen.
Spargelstücke in ein Sieb geben, mit kaltem
Wasser abspülen und abtropfen lassen.

{2} Schalotte abziehen, in kleine Würfel
schneiden und in eine Schüssel geben.
Essig unterrühren. Olivenöl unterschlagen.
Mit Salz, Pfeffer und Zucker würzen. Die
Spargelstücke untermischen.
{3} Parmesan-Käse auf einer Haushaltsreibe
fein hobeln und unter den Salat heben.
Petersilie abspülen und trocken tupfen. Die
Blättchen von den Stängeln zupfen.
{4} Die Löffel auf ein Tablett legen. Den
Salat auf den Löffeln verteilen und mit
Petersilienblättchen garnieren.

Zubereitungszeit: 30 Minuten
Pro Portion: E: 1 g, F: 1 g, Kh: 1 g, kJ: 72, kcal: 17, BE: 0,0

SCHNELL

Paprikasalat

mit Honig-Thymian-Dressing und
Ziegen-Frischkäse im Foto rechts

Zutaten für etwa 30 Löffelportionen:
je 2 rote und gelbe Paprikaschoten, 1 Zwiebel,
1 Bund Thymian, 2 EL Olivenöl, 1 EL Weißweinessig, 200 g Ziegen-Frischkäse, 1 EL flüssiger
Honig, Salz, frisch gemahlener Pfeffer, Zucker
Außerdem: etwa 30 Esslöffel

{1} Die Paprikaschoten mit einem Sparschäler dünn schälen. Paprikaschoten halbieren,
entstielen, entkernen und die weißen
Scheidewände entfernen. Schotenhälften
abspülen, abtropfen lassen und in feine
Streifen schneiden. Zwiebel abziehen und
in kleine Würfel schneiden. Thymian
abspülen und trocken tupfen. Die Blättchen
von den Stängeln zupfen.
{2} Einen Esslöffel des Olivenöls in einer
Pfanne erhitzen. Die Paprikastreifen darin
in 2 Portionen unter Rühren etwa 3 Minuten
weich dünsten. Zwiebelwürfel und Thymianblättchen hinzugeben, etwa 1 Minute
mitdünsten lassen. Essig unterrühren und
verdampfen lassen. Mit Honig, Salz, Pfeffer
und Zucker würzen. Paprika-Thymian-
Masse abkühlen lassen.
{3} Die Löffel auf ein Tablett legen. Die
Paprika-Thymian-Masse darauf verteilen.
Ziegen-Frischkäse zerbröseln und daraufgeben.

Zubereitungszeit: 40 Minuten
Pro Portion: E: 1 g, F: 2 g, Kh: 2 g, kJ: 134, kcal: 32, BE: 0,1

EINFACH

Lachs-Teriyaki-Spieße

mit Salatgurke im Foto vorne rechts

Zutaten für 30 Stück:
800 g Lachsfilet, 40 ml Teriyakisauce,
20 ml japanische Sojasauce, 1 TL brauner Zucker,
2 EL Speiseöl, 1 Salatgurke
Außerdem: etwa 30 Holzspieße

{1} Lachsfilet unter fließendem kalten Wasser abspülen, trocken tupfen und in etwa 30 gleich große Würfel (etwa 3 x 3 cm) schneiden. Evtl. Haut und Fett entfernen. Die Lachswürfel in eine große Auflaufform legen. Teriyakisauce, Sojasauce und Zucker verrühren. Die Sauce auf den Lachswürfeln verteilen und zugedeckt etwa 6 Stunden im Kühlschrank marinieren.
{2} Die Lachswürfel aus der Marinade nehmen und etwas abtropfen lassen. Etwas Speiseöl in einer breiten Pfanne erhitzen. Die Lachswürfel darin portionsweise von allen Seiten etwa 1 Minute braten, herausnehmen und auf einen Teller legen. Die Marinade in die heiße Pfanne geben und auf die Hälfte einkochen lassen. Die Lachswürfel in die Sauce legen. Die Pfanne von der Kochstelle nehmen. Die Sauce mit den Lachswürfeln erkalten lassen.
{3} Die Gurke schälen, längs halbieren, entkernen und in 30 gleich große Stücke schneiden. Mit Salz bestreuen. Die Gurkenstücke mit den abgetropften Lachswürfeln auf Holzspieße stecken.

Zubereitungszeit: 30 Minuten, ohne Marinierzeit
Pro Stück: E: 5 g, F: 2 g, Kh: 0,9 g, kJ: 169, kcal: 40, BE: 0,0

ETWAS BESONDERES

Lamm-Paprika-Spieße

im Foto vorne links

Zutaten für 32 Stück:
4 Paprikaschoten, 2 Knoblauchzehen, 10 Zweige Thymian, 4 EL Olivenöl, Salz, frisch gemahlener Pfeffer, Zucker, 8 Lammfilets (je etwa 130 g)
Außerdem: etwa 32 Holzspieße

{1} Die Paprikaschoten mit einem Sparschäler dünn schälen. Schoten halbieren, entstielen, entkernen, weiße Scheidewände entfernen. Schotenhälften abspülen, abtropfen lassen, in je acht Streifen schneiden. Knoblauch abziehen, halbieren.

Thymian abspülen und trocken tupfen. Die Blättchen von den Stängeln zupfen.
{2} Jeweils etwas Olivenöl mit den Knoblauchhälften in einer Pfanne erhitzen. Die Paprikastreifen darin portionsweise etwa 3 Minuten anbraten, bis sie weich sind. Mit Salz, Pfeffer und 1 Prise Zucker würzen. Paprikastreifen aus der Pfanne nehmen, auf einen Teller legen, abkühlen lassen. Knoblauch entfernen.
{3} Lammfilets mit Küchenpapier trocken tupfen. Die Filets jeweils in 4 Stücke schneiden. Mit Salz und Pfeffer würzen. Die Lammfiletstücke in dem verbliebenen Olivenöl von beiden Seiten anbraten, mit den Thymianblättchen bei schwacher Hitze weitere etwa 2 Minuten braten. Die Lammfiletstücke mit den Paprikastreifen und Thymianblättchen belegen. Paprikastreifen mit Holzspießen feststecken.

Zubereitungszeit: 40 Minuten
Pro Stück: E: 7 g, F: 2 g, Kh: 1 g, kJ: 201, kcal: 48, BE: 0,0

EINFACH

Pizzastückchen

mit Kapern und Sardellen im Foto oben links

Zutaten für etwa 48 Stück:
200 ml warmes Wasser, 1 Pck. Dr. Oetker Trockenbackhefe, 1 Prise Zucker, 250 g Weizenmehl, 1 EL Olivenöl, Salz, 50 g Weizenmehl zum Bestäuben
Für den Belag:
400 g Tomaten, 200 g Tomatenmark, frisch gemahlener Pfeffer, 200 g Ricotta (ital. Frischkäse), 100 g Kapern, 60 g Sardellenfilets in Öl, 80 g Parmesan-Käse
Außerdem: etwa 48 Holzspieße

{1} Für den Teig aus den angegebenen Zutaten wie auf Seite 81 beschrieben, einen Hefeteig zubereiten. Den Teig zugedeckt an einem warmen Ort etwa 60 Minuten gehen lassen.
{2} Den gegangenen Teig leicht mit Mehl bestäuben, aus der Schüssel nehmen und auf einer bemehlten Arbeitsfläche zu einer Kugel formen, auf einem Backblech (30 x 40 cm, gefettet, mit Backpapier belegt) ausrollen. Zugedeckt an einem warmen Ort nochmals etwa 20 Minuten gehen lassen.
{3} Den Backofen vorheizen. Ober-/Unterhitze: etwa 200 °C, Heißluft: etwa 180 °C.
{4} In der Zwischenzeit für den Belag Tomaten abspülen, abtropfen lassen,

halbieren, Stängelansätze herausschneiden. Tomatenhälften in sehr kleine Würfel schneiden, in eine Schüssel geben. Tomatenmark unterrühren. Mit Salz und Pfeffer würzen. Die Tomatenmasse auf dem Teig verteilen. Ricotta teelöffelweise daraufgeben. Kapern und Sardellenfilets abtropfen lassen, ebenfalls auf dem Teig verteilen. Käse reiben und daraufstreuen. Das Backblech in den vorgeheizten Backofen schieben. Die Pizza etwa 20 Minuten backen.
{5} Das Backblech auf einen Rost stellen. Pizza in etwa 5 x 5 cm große Stücke schneiden, sofort auf einer Platte mit Holzspießen servieren.

Zubereitungszeit: 50 Minuten, ohne Teiggehzeit
Backzeit: etwa 20 Minuten
Pro Stück: E: 2 g, F: 2 g, Kh: 5 g, kJ: 187, kcal: 45, BE: 0,5

RAFFINIERT

Marinierte Garnelen

mit Mango im Foto hinten rechts

Zutaten für 30 Stück:
2 große mittelreife Mangos (je etwa 600 g), 4 rote Zwiebeln, 500 g küchenfertige, gegarte große Garnelen
Für die Marinade:
3 EL Sweet-Chili-Sauce, 4 EL Limettensaft, 2 Stängel Koriander
Außerdem: etwa 30 Holzspieße

{1} Mangos halbieren und jeweils den Stein herauslösen. Mangohälften schälen und in Würfel (etwa 3 x 3 cm) schneiden. Zwiebeln abziehen, zuerst in dünne Scheiben schneiden, dann in Ringe teilen.
{2} Garnelen unter fließendem kalten Wasser abspülen, auf Küchenpapier legen, trocken tupfen. Koriander abspülen und trocken tupfen, klein schneiden.
{3} Für die Marinade Chili-Sauce mit Limettensaft und Koriander verrühren. Garnelen, Mangowürfel und Zwiebelringe in eine Schale legen. Die Marinade darauf verteilen, etwa 1 Stunde marinieren.
{4} Garnelen, Mangowürfel und Zwiebelringe aus der Marinade nehmen, abwechselnd auf Holzspieße stecken und auf einer Platte anrichten.

Zubereitungszeit: 30 Minuten
Pro Stück: E: 4 g, F: 0,0 g, Kh: 4 g, kJ: 157, kcal: 38, BE: 0,5

ETWAS TEURER

Ratgeber Partybuffet

Die Rezepte sind, wenn nicht anders angegeben, für 10 Personen berechnet. Haben Sie mehr oder weniger Gäste, verändern Sie einfach die Menge der Zutaten entsprechend. Sind Kinder miteingeladen, bedenken Sie, dass sie kleinere Portionen berechnen, je nach Alter der Kinder. Bei Jugendlichen müssen Sie meist etwas mehr einplanen.

Ein Termin- und Arbeitsplan erleichtert die Vorbereitung erheblich. Es hat sich bewährt, für eine größere Feier oder Party einen Schnellhefter anzulegen, in dem alles gesammelt wird. Die Gästeliste mit Telefonnummern für Rückfragen, Zu- und Absagen, Einkaufszettel und Zeitpläne. Stellen Sie einen Zeitplan auf, in den Sie alle anfallenden Arbeiten eintragen. Von der Einladung über den Einkaufszettel bis hin zu den letzten Handgriffen bevor die Gäste kommen. Überlegen Sie, wer Ihnen wann und wie helfen kann. Teilen Sie sich die Arbeit so ein, dass Sie am Tag der Feier nur noch das unbedingt Notwendige erledigen. So können Sie die Feier gemeinsam mit Ihren Gästen genießen .

Bereits bei der Auswahl der Rezepte können Sie besondere Wünsche berücksichtigen. Kommt z. B. ein Allergiker oder jemand möchte vegetarisch essen, freut er sich, wenn daran gedacht wird. Auch Kinder oder ältere Menschen haben andere Essgewohnheiten, die bedacht werden sollten, damit sie sich wohlfühlen.

Schreiben Sie mehrere Einkaufszettel. Einen für Getränke, einen für Zutaten, die gelagert werden können und einen für die Dinge, die unbedingt frisch gekauft werden müssen. So ist die Vorbereitung auf mehrere Tage verteilt und weniger anstrengend. Nehmen Sie auch Hilfe beim Einkaufen an, besonders zum Tragen schwerer Kisten sollten Sie sich, wenn möglich, Unterstützung holen. Achten Sie auf ausreichende Kühlmöglichkeiten, sowohl für die Zutaten, als auch für die fertigen Gerichte und die Getränke. Hier kann man auch gut bei den Nachbarn fragen, ob Sie z. B. das Dessert kaltstellen.

Wenn Sie die Party unter ein Motto stellen, dekorieren Sie die Wohnung oder den Partyraum dazu passend. Besonders schön ist es, wenn bereits in der Einladung das Motto mitgeteilt wird.

Haben Sie eine kleine Küche oder nicht so viel Erfahrung, brauchen Sie aufs Feiern und Fröhlichsein nicht zu verzichten. Verschicken Sie doch mit der Einladung ein Rezept und bitten Ihre Gäste, dieses Gericht fertig mitzubringen. So ist die Arbeit auf viele Schultern verteilt und das gemeinsame Begutachten und Probieren der Gerichte sorgt für nette Gespräche.

Bei einem Buffet sieht es gut aus, wenn die einzelnen Speisen in unterschiedlicher Höhe auf dem Tisch präsentiert werden. Dazu stellen Sie große Töpfe oder Schalen umgedreht auf den Tisch. Anschließend decken Sie das Ganze mit Tischdecken großzügig zu. In Stoffmärkten gibt es regelmäßig Restcoupons, die Sie sehr gut für solche Zwecke verwenden können. Wenn dann noch der Stoff zum Thema passt – perfekt. Dekorationen aus der Natur, Efeuranken, Herbstblätter usw. können sehr gut eingesetzt werden. Wichtig ist es, alles gut zu säubern, damit es nicht auf Ihrem Tisch „lebendig" wird.

Die Getränkeauswahl sollte zum Essen passen. Beim Brunch-Buffet gehört natürlich Kaffee und Tee zum Angebot, nach Wunsch auch ein Glas Sekt. Immer sollte auch Saft bereitgestellt sein. Wer sich für das exotische Buffet entscheidet, kann bunte Frucht-Cocktails mixen. Das übernimmt vielleicht im Laufe der Party auch mal jemand aus dem Kreis der Gäste. Zu einem eher rustikalen bayrischen Buffet passt sehr gut entsprechendes Bier (das in unterschiedlichen Sorten auch dekorativ in Körben bereitgestellt werden kann). Zum Italienischen Buffet gehören, je nach Tageszeit, Kaffee, Cappuccino und Espresso. Zur Begrüßung ein Glas Prosecco, ansonsten Weiß- und Rotwein. Stellen Sie genügend Mineralwasser bereit. Auch Säfte für Fruchtsaftschorlen sollten vorrätig sein. Die Kinder freuen sich, wenn auch sie zur Begrüßung z.B. einen „Prosecco" bekommen, in diesem Fall ist das natürlich Apfelsaftschorle.

Haben Sie nach der Party Reste übrig, können Sie diese teilweise einfrieren. Praktisch ist es, Reste portionsweise einzufrieren, da Sie dann einen Vorrat haben, wenn es mal schnell gehen muss oder soll. Gerichte, die nicht eingefroren werden können, sollten mengenmäßig eher knapp kalkuliert werden, Gefriertaugliches kann ruhig etwas großzügiger bemessen sein. Auch der schöne Brauch, am Ende der Party den Gästen von den Resten etwas zum Mitnehmen anzubieten, ist eine gute Möglichkeit, dafür zu sorgen, dass Sie nicht eine Woche das Gleiche essen müssen. Es empfiehlt sich, dafür bereits im Vorfeld Behälter bereitzustellen. Gut eignen sich gespülte Kunststoffbecher z. B. von Eiscreme. So vermeiden Sie auch Verluste in Ihrem Geschirr.

Allgemeine Hinweise zu den Rezepten
Lesen Sie bitte vor der Zubereitung – besser noch vor dem Einkauf – das Rezept einmal vollständig durch. Oft werden Arbeitsabläufe oder -zusammenhänge dann klarer. Wenn Eier in einem Rezept nicht mitgebacken werden, nur ganz frische Eier verwenden, die nicht älter als 5 Tage sind (Legedatum beachten).

Zutatenliste
Die Zutaten sind in der Reihenfolge ihrer Verarbeitung aufgeführt.

Arbeitsschritte
Die Arbeitsschritte sind einzeln hervorgehoben, in der Reihenfolge, in der sie von uns ausprobiert wurden.

Backofeneinstellung
Die in den Rezepten angegebenen Backtemperaturen und -zeiten sind Richtwerte, die je nach individueller Hitzeleistung Ihres Backofens über- oder unterschritten werden können. Bitte beachten Sie deshalb bei der Einstellung des Backofens die Gebrauchsanleitung des Herstellers. Machen Sie nach Beendigung der angegebenen Backzeit eine Garprobe. Die Temperaturangaben in diesem Buch beziehen sich auf Elektrobacköfen. Die Temperatureinstellungsmöglichkeiten für Gasbacköfen variieren je nach Hersteller, sodass wir keine allgemeingültigen Angaben machen können.

Zubereitungszeiten
Die Zubereitungszeit beinhaltet nur die Zeit für die eigentliche Zubereitung. Die Backzeiten sind gesondert ausgewiesen. Längere Wartezeiten wie z. B. Kühlzeiten sind nicht mit einbezogen.

Register

Impressum

Für Fragen, Vorschläge oder Anregungen stehen Ihnen der Verbraucherservice der Dr. Oetker Versuchsküche Telefon: 0 08 00 71 72 73 74
Mo.-Fr. 8:00 – 18:00 Uhr, Sa. 9:00 – 15:00 Uhr (gebührenfrei in Deutschland) oder die Mitarbeiter des Dr. Oetker Verlages
Telefon: +49 (0) 521 5206 42 Mo.-Fr. 9:00–15:00 Uhr zur Verfügung
Schreiben Sie uns: Dr. Oetker Verlag KG, Am Bach 11, 33602 Bielefeld oder besuchen Sie uns im Internet unter www.oetker.de.

Umwelthinweis Dieses Buch und der Einband wurden auf chlorfrei gebleichtem Papier gedruckt. Die Einschrumpffolie – zum Schutz vor Verschmutzung – ist aus umweltfreundlichem und recyclingfähigem PE-Material.

Copyright© 2010 by Dr. Oetker Verlag KG, Bielefeld

Redaktion Carola Reich, Annette Riesenberg, Carola Hülshoff

Titelfoto und Innenfotos Walter Cimbal, Hamburg

Foodstyling Hermann Rottmann, Hamburg

Rezeptentwicklung und -beratung Hermann Rottmann, Hamburg

Nährwertberechnungen Nutri Service, Hennef

Grafisches Konzept fuchs-design, Sabine Fuchs, München
Fotografisches Konzept Walter Cimbal, Hamburg
Titelgestaltung kontur:design, Bielefeld

Reproduktionen Repro Ludwig, Zell am See, Österreich
Satz Final Art, Manfred Karg, München
Druck und Bindung Firmengruppe APPL, aprinta druck, Wemding

ISBN 978-3-7670-0844-1